삶은 살만한 가치가 있는 걸까

■ 일러두기
· 이 책에서 소개하고 있는 글의 원서 제목은 다음과 같다. 삶은 살만한 가치가 있는 걸까(Is Life Worth Living?), 믿으려는 의지(The Will to Believe), 결정론의 딜레마(The Dilemma of Determinism).
· 후주(後註)의 대부분은 옮긴이가 독자의 편의를 위해 보충 설명한 역주(譯註)이며, 원전에 있던 원래의 주(註)는 각 문장의 끝에 '(原註)'로 표기함으로써 구분을 하였다.

삶_은
살_만_한 가_치_가
있_는 걸_까

월리엄 제임스의 운명과 믿음, 자유에 대한 특별한 강의

월리엄 제임스 지음
박윤정 옮김

오엘북스

마음가짐을 바꾸면 삶도 바뀐다.
이것이야말로 우리 세대의 가장 위대한 발견이다.

contents

미국 심리학의 아버지 윌리엄 제임스와 함께
다시 시작되는 읽기와 사색, 그리고 기쁨

고전과 전통, 나이 듦의 미덕이 홀대받는 시대이다. 빠르고 쉽고 간단하고 노골적인 것들이 지나치게 추앙받는 때이다. 그래도 누구나 두 세기도 전의 인물이 남긴 어렵고 까다롭고 은유적인 글들에 어느 때보다도 강하게 뇌와 가슴을 강타당한 기억이 있을 것이다.

이런 순간에는 드문 희열과 더불어 회의와 의심도 동시에 일어난다. 먼지 속에 잠들어 있던 오래전의 기록이 동시대의 사회상에도 아주 충분히 적용 가능하다면, 그 사이 인간의 정신과 영혼은 얼마나 느린 속도로 진화했다는 말인가? 아니, 인간의 문명은 과연 진화라는 것을 하기는 하는 걸까? 인간은 운명에 갇힌 존재일까? 아니면 운명을 거슬러 힘들게 헤엄쳐 가는 것이 인간의 진정한 운명이고 자유인 걸까? 본질의 차원에서 영원히 도돌이표를 그리고 있다면, 그 많은 연구와 투쟁, 불면의 밤은 무슨 의미가 있는 걸까? 이런 반복의 삶에 어떤 가치가 있는 걸까?

그러다 다시 책갈피로 시선을 돌리면, 이런 회의와 의심이 바로 '심장을 두드리는 망치'와 같음을 깨닫게 된다. 이런 회의의 순간에 비로소 진정으로 깨어 있는 창조적 읽기의 경험이 시작된다는 것을 느낀다. 서툴게나마 이런 경험을 소화함으로써 빠른 것 같지만 느리게 흘러가는 진화의 여정에 지워지지 않을 흔적을 무의식적으로 하나 보태게 된다는 점을 떠올린다.

고전 읽기의 빛과 어둠을 서두에 사족처럼 길게 쓴 이유는 윌리엄 제임스의 글들을 옮기는 작업도 그만큼 어렵고 흥미로웠기 때문이다. 변명이겠지만 이런 난해함 때문인지, 심리학과 철학에서 윌리엄 제임스가 차지하고 있는 위상에 비해 그의 글들은 충분히 제대로 소개되지 못한 것 같다. 이런 면에서 이 책의 번역도 완벽하게 자유롭지는 못할 것이다. 모두 옮긴이의 부족함 탓이다.

윌리엄 제임스의 철학과 심리학적 공로를 간단하게 설명하기는 힘들다. 그를 수식하는 다양한 말들만 봐도, 그 이유와 그의 광범위하고 깊은 영향력을 짐작할 수 있다. 미국의 대학에서 심리학 강좌를 처음으로 개설한, 미국 심리학의 아버지와 같은 존재, 19세기 후반의 선도적인 사상가, 19세기 후반 최고의 미국 작가 중 한 명인 헨리 제임스의 형이자 '의식의 흐름'이라는 말을 용어화하는 데 기여한 장본인, 실용주의 철학의 토대를 닦은 근본적 경험주의자, 의식의 흐름에 따른 의식의 작용 과정과 기능을 연구하는 데 역점을 둔 기능주의 심리학의 대가, 20세기에도 뛰어난 심리학자로 인정받고, 에드문트 후설에서부터 존 듀이, 버트런드 러셀, 루드비히 비트겐슈타인, 위르겐 하버마스, 줄리아 크리스테바, 미셸 푸코 같은 철학자들에게까지 영향을 미친 생리학자이자 심리학자, 철학자 등이 그 예이다.

이런 광범위한 영향력만큼 그는 독창적인 시각과 통찰이 빛나는 철학서와 심리학서도 많이 발표했다. 그 가운데 이 책에서 소개한 글들은 원래 1884년과 1895년, 1896년에 하버드대학과 예일대학, 브라운대학에서 신학과 철학을 공부하는 학생들을 대상으로 한 강연을 정리해서 잡지에 발표한 것이다. 대상이 이렇다 보니, 강연의 주제도 인간의 자유의지와 운명, 결정론과 비결정론, 믿음의 시작과 효용, 믿음의 의지, 자살을 생각하는 이들 앞에서 우리가 짚어볼 문제와 태도, 삶의 진정한 의미 등 간단하지가 않다. 거기다 윌리엄 제임스 특유의 통찰과 섬세한 논리, 다양한 인문학적 지식이 바탕에 깔려 있어서 쉽고 명료하게 이해할 수 있는 글로 옮기기가 쉽지 않았다.

그래도 원고를 최대한 명료하게 풀어나가려 애쓰는 동안, 두 가지 중요한 사실을 발견했다. 먼저, 밀도 높은 글들이 대체로 그렇듯 윌리엄 제임스의 글도 읽을수록 새로운 맛과 의미의 층을 발견하게 된다. 읽을수록 지루해지는커녕 또 다른 의미가 분명하게 떠오르고, 삶에 구체적으로 적용할 수 있는 통찰도 얻게 된다. 독자들을 창조적이고 실용적인 독서로 이끄는 힘이 원본 자체에 있는 것이다. 그리고 읽을수록 본문의 내용을 바탕으로 현재 우리가 몸담고 있는 사회와 사람들, 나의 의식 풍토를 새로이 바라보게 되었다. 본문이 믿음이나 운명, 의지, 자살 같은 보편적 문제들의 핵심을 꼼꼼하고 정확하게 건드리고 있기 때문이다. 서두에서 고전 읽기의 어려움과 기쁨, 그 과정에서 갖게 되는 즐거운 질문들을 이야기한 이유도 여기에 있다.

요컨대 여기에 실린 글들이 쉽고 감미롭게 읽히지 않을 수도 있다. 그러나 나도 모르게 무뎌져 있던 사고 세포들이 기지개를 켜고 깨어나는 것은 분명히 느끼게 될 것이다. 더불어 혼란과 우울, 염세적 시각에 짓눌려 있던 삶의 힘도 다시금 차분하게 저 깊은 곳에서 모아질 것이다. 그러니 진위를 알 수 없는 정보와 지식들의 소용돌이 속에서 진정한 논리와 사색, 통찰, 지혜가 그리울 때, 조금은 느긋한 마음으로 참을성 있게 이 책과 함께해 보기를 바란다. 안개 속에서 머리를 넘어 심장까지 쿵쿵 깨어나는 느낌이 어느 순간 찾아올 것이다.

2022년 5월 24일

박 윤 정

1. 삶은 살만한 가치가 있는 걸까

■ 하버드대학교 기독교청년회(Harvard Young Men's Christian Association)에서 했던 강연으로, 1895년 10월《국제 윤리학 저널International Journal of Ethics》 에 발표되기도 했다.

오래전 소설가 윌리엄 맬록[1]이 이 질문과 같은 제목의 책을 출간했다. 그러자 "그건 간장(liver)[2]에 달렸지."라는 유머러스한 말이 여러 신문에서 크게 유행했다. 하지만 오늘 밤 내가 내놓을 대답은 전혀 웃기지 않다. 내 이야기의 주된 내용은 오히려 셰익스피어의 《헨리 8세》 프롤로그에 나오는 말과 같다.

이번에는 여러분을 웃기려고 온 게 아닙니다.
오히려 중대하고 심각한 문제들,
안타깝고 고상하고 감동적이며,
혼란스럽고 비통한 문제들을 이야기하려 합니다.

우리 모두의 마음 깊은 구석에는 안타깝게도 풀리지 않는 궁극의 수수께끼가 있다. 그런데 나는 여러분의 단체가 뭘 의도하는 곳인지, 나 같은 강사에게 듣고 싶은 이야기가 무엇인지 잘 모르겠다. 겉만 화려한 삶에서 벗어나도록 이끌어주기를 바라는가? 아니면 늘 우리의 의식을 지배하고 있는, 분주하고 어수선하고 들뜨게 만드는 자잘한 관심과 놀거리들로부터 한 시간이라도 자유롭게 해주길 바라는가?

그렇다면 더 이상의 설명이나 양해 없이 말하겠다. 내키지 않더라도 나와 함께 삶의 더 깊은 소리에 주의를 돌려보자. 한 시간 동안 그 나직한 소리에 귀 기울이고, 마지막에 도달하는 가장 깊은 곳에서 어떤 답을 찾게 되는지 알아보자.

기질적 낙관주의와 비관주의

삶의 가치를 물으면 대부분 기질적으로 낙관적인 대답을 듣는다. 이런 대답은 아주 안 좋은 일은 일어나지 않으리라고 믿게 만든다. 유명한 월트 휘트먼[3]의 시는 이런 낙관적 태도가 무엇인지를 보여주는 확실한 교재와도 같다. 휘트먼의 혈관 속에는 삶의 순전한 기쁨이 넘쳐흘러 다른 감정들은 들어설 여지가 없는 것처럼 보인다.

숨을 쉬고 있다니, 얼마나 달콤한 일인가!
말하고, 걷고, 손으로 물건을 잡을 수 있다니!
이토록 놀라운 하느님의 사랑이여!
오 경이로운 세상이여, 심지어 티끌조차도!
만물에 깃든 영성이여!
나는 태양도 노래하노라, 한낮에는 세상을 비추더니
이제는 저물어가는구나
나는 이 세상을 만든 이와 이 세상의 아름다움, 땅에서 자라는 모
든 생명도 찬미하리.

과거나 현재나 한결같은 모든 것을
마지막 순간까지 노래하리.

자연은 계속되고, 영광도 계속되리니
만물의 끊임없는 소멸도
떨리는 목소리로 찬미하리라.
우주에 불완전한 것은 하나도 없으니
통탄할 원인도 결과도 결코 없구나.

장 자크 루소[3)]도 프랑스 안시에서 9년 동안 살았던 이야기

를 쓰면서, 오직 행복했다는 말만 했다.

말로 표현하거나 행동으로 보여주거나 생각의 주제로 삼을 수는
없는 것, 오로지 음미하고 느낄 수만 있는 것, 행복의 대상이 없
어도 더 없는 행복 그 자체인 이 감정을 어떻게 말로 표현할 수
있단 말인가!
나는 해가 뜨면 행복하게 일어나고, 산책을 할 때도 행복했다. '엄
마'[5]를 만날 때도 행복했고, 엄마와 헤어질 때도 행복했다. 숲을
거닐다가 덩굴 우거진 비탈길을 지나고, 골짜기에서 어슬렁거리
며 책을 읽었다. 정원에서 일하고, 과일을 따고, 집안일도 도왔
다. 어디서든 행복이 나를 따라다녔다. 행복은 외부의 어떤 것
속에 있지 않았다. 행복은 내 안에 있었으며, 단 한 순간도 나를
떠나지 않았다.

이렇게 행복한 기분을 영원한 것으로 만들 수 있다면, 이런
소질이 보편적인 것이라면, 지금 우리가 '삶은 살만한 것인가' 하
는 주제로 이야기를 나누는 일은 없었을 것이다. 또한 어떤 철학
자도 삶은 살만한 것인지를 말로 증명하려 하지 않을 것이다. 삶
은 절대적으로 살만한 것이라는 사실이 저절로 입증될 것이기 때
문이다. 어떤 마땅한 대답을 들어서라기보다 질문 자체가 성립되

지 않으므로 이 문제는 없어질 것이다.

그러나 우리는 이런 낙관적 기질을 보편적인 것으로 만들 수 있는 마법사가 아니다. 게다가 삶에 대한 기질적 낙관주의 못지않게 기질적 염세주의도 늘 존재한다. 이른바 '양극성 기분장애(circular insanity)'에 걸리면, 표면상으로는 원인을 발견할 수 없는데도 울증과 조증이 번갈아 일어난다. 고대 의학에서 말하는 '체액 배합'[6]의 변화로 아주 멀쩡하고 밝던 사람이 다음날은 울적해하기도 한다. 신문에 등장하는 농담처럼 '간장에 따라 달라지는' 것이다. 한쪽으로 치우쳐 있던 루소의 기질도 변화했다. 이로 인해 생의 후반에는 불행한 나날을 보내며 의심과 두려움이 만들어낸 어두운 망상과 울증에 시달렸다.

한편 휘트먼이 침울함과는 거리가 멀 듯, 처음부터 행복을 모르는 듯한 영혼을 갖고 태어나는 이들도 있다. 이런 사람들은 휘트먼의 시보다 훨씬 오래 기억에 남는 시로 자신들의 메시지를 전한다. 예민한 자코모 레오파르디[7]나 우리와 동시대인인 제임스 톰슨[8]도 그런 예이다. 톰슨의 감동적인 작품 《무서운 밤의 도시The City of Dreadful Night》는 문학적 아름다움에 비해 제대로 알려지지 않았다. 내용이 지나치게 우울한 동시에 진실하기까지 해서 사람들이 인용하기를 두려워한 것 같다.

이 시에서 톰슨은 신자들이 밤에 불도 밝히지 않은 거대한

성당에 모여 설교를 듣는 장면을 묘사했다. 설교는 너무 길어서
인용하기가 힘든데, 마지막은 이렇게 끝난다.

오, 비참한 삶을 사는 형제들이여! 삶은 한순간이니,
몇 년 후면 모두가 구원받으리니,
숨 쉬는 것조차 고통이지만 이 몇 년을 못 견디겠는가.
그래도 이 고달픈 생을 다 채우고 싶지 않다면
아아, 기어이 그걸 원한다면 마음대로 생을 끝내도 좋다.
죽음 후의 깨어남을 두려워할 필요도 없이.

풍금소리처럼 떨리는 그의 목소리는
아치형 천장의 복도에 울려 퍼지다 잦아들고,
기뻐하라 명하는 그의 동경 어린 말투는
진혼곡처럼 슬프고 조심스럽다.
'원한다면 생을 끝내도 좋다'
유령 같은 신자들은 미동도 않는다.

* * * *

유령 같은 신자들은 미동도 않는다.

자신들이 들은 그 말,
'원하면 생을 끝내도 좋다'는 말을 곱씹는 듯,
어쩌면 다른 말을 기다리는 듯.
그때 구름 낀 하늘을 가르는 번개처럼
날카로운 비탄의 외침이 터져 나온다.

"오, 신부님 말씀이 맞아, 맞고 말고.
저세상엔 인간의 삶이 없어.
신도 없어. 죽음은 분노도 슬픔도 모르지.
이 세상에서 내가 원하는 위안을 얻을 수 있을까?

긴 긴 시간 속에서 딱 한 번 기회가 있었지.
몇 년이지만 우아한 인간으로 살 수 있었던 때가 있었어.
지식인으로 출세하는 영광을 누리고
처자식과 행복한 가정을 일구고

뛰어난 재치로 사교 생활을 즐기고
예술계의 총아가 되고
크나큰 상상력으로 타오르는 가슴에
자연 세계의 아름다움이 빛날 수도 있었지.

근심걱정 없는 아이로, 열정적인 젊은이로
그저 존재의 황홀감을 느끼며 건강하게 살 수도 있었지.
어른이 돼서는 열심히 일해서 재산을 모으고
존경받을 만한 나이가 돼서는 삶의 오랜 진리로 평화를 만끽할
수도 있었어.

인간의 모든 숭고한 특권들을 누릴 수도 있었어.
옛날 옛적 이야기 속의 유명한 유물들과
세계의 위대한 계획을 끈기 있게 뒤쫓으며
무수하게 펼쳐지는 사건과 변화들을 만날 수도 있었지.

전에는 이런 기회 한 번도 없었어.
그러나 그 많은 시간 나는 헛되이 바보처럼 살았어.
이런 기회 결코 다시 오지 않으리.
앞으로 살아갈 그 텅 빈 무한한 시간.

이 한 번뿐인 기회는 내가 태어나는 순간부터 망가져버렸어.
헛수고지, 착각이야. 고귀한 인간의 삶을 꿈꾸며
이 세상에 숨결을 불어 넣다니.
너무 괴로워 차라리 무의미한 죽음이 그리워지네.

내 삶의 포도주는 분노가 섞여 독이 되고,
나의 정오는 악몽 속에서 지나가네.
차라리 내 모든 시간을 잃어버리는 게 나으리.
이 가장 큰 상실을 무엇이 위로해줄까?

무엇도 위로가 될 수 없는데 위로를 이야기하지 말라.
아무 말도 하지 말라.
말은 부당한 것을 온당한 것처럼 만들 수 있나니!
우리 삶은 한갓 속임수요, 죽음은 캄캄한 심연과 같으니
쉿, 절망을 직시하며 침묵을 지켜라.

북쪽 복도에서 들려오던 이 격앙된 목소리
다급하고 날카롭던 이 외침 갑자기 뚝 끊기고,
얼마간 누구도 대꾸를 못한다.
형언할 수 없는 이런 고통에는 말을 삼가야 하느니.
드디어 설교자가 짧게 말한다.
생각에 잠겨 고개를 떨군 채 촉촉이 젖은 눈으로.

형제여, 가엾은 형제들이여, 그렇다.
이 생은 우리에게 좋을 것이 없다.

하지만 이 생은 곧 끝나고, 다시는 태어나지 않으리니
태어나기 전에는 삶이 이럴 줄 몰랐다.
흙으로 돌아갈 때도 우리는 아무것도 모를 것이다.
이런 생각을 하면 위안이 된다.

'이 생은 곧 끝나고, 다시는 태어나지 않으리니'나 '아아, 기어이 그걸 원한다면 마음대로 생을 끝내도 좋다'와 같은 구절들은 정말로 우울한 톰슨의 펜에서 흘러나온 것이다. 제임스 톰슨처럼 이 세계가 그칠 줄 모르는 기쁨의 샘이라기보다 끊임없는 두려움의 소굴과 같다고 여기는 사람들에게 이 구절들은 진정한 위안을 준다.

많은 자살자들은 삶이 살만한 가치가 없다고 단언한다. 저녁마다 들리는 영국군대의 석포(夕砲) 소리처럼 자살자를 확인하는 점호 소리는 전 세계 곳곳에서 멈출 줄을 모른다. 이곳에 편안히 앉아 있지만, 우리도 '이런 문제를 곰곰이 생각해본다.' 우리도 자살자들과 다르지 않으며, 그들과 같은 삶을 살아가고 있기 때문이다. 더 없이 솔직하고 지적이며 고결한 사람들도, 가장 소박하고 용감하며 명예를 중시하는 사람들도 자살하는 사람들의 문제를 절대 잊지 말라고 강조한다.

존 러스킨[9]이 말했다.

어느 날 런던 어딘가에서 만찬 모임이 있다고 하자. 가벼운 마음으로 한창 맛있는 음식을 즐기고 있는데 만찬장의 벽들이 쩍 갈라지면서, 너무나 굶주려 차마 인간이라고 할 수 없는 참혹한 몰골의 사람들이 만찬을 즐기는 사람들 한가운데로 파고든다. 그들은 죽었다 깨어난 사람처럼 창백하고, 가난에 찌든 데다 절망으로 황폐해져 있다. 그런데 그들이 만찬을 즐기는 손님들 옆의 부드러운 카펫 위에 한 명씩 몸을 누인다고 하자. 그러면 손님들은 음식 부스러기 하나라도 이들에게 던져줄까? 이들에게 한순간이라도 눈길을 줄까? 아주 잠시라도 이들의 상황에 대해 생각해볼까? 이들에게 도움이 될 만한 것을 줄까?

사실 식탁과 병상 사이를 벽으로 가로막는다 해도, 부자와 라자로[10]의 실제 관계는, 그 실제적 사실은 달라지지 않는다. 환락과 고통 사이는 몇 발자국에 불과하다. 얼마나 가까운 거리인가!

자살을 결심한 사람을 삶과 화해시킬 수 있을까

이야기의 핵심에 즉각 닿을 수 있도록 한 가지 상상을 해보자. 우리는 삶에 비관적인 태도를 갖고 있는 사람을 설득하는 중이다. 그에게 남은 위안은 '원하면 마음대로 삶을 끝내도 좋다'는 말을 곱씹어보는 것뿐이다. 이런 사람이 다시 삶의 짐을 떠안게 만들려면, 우리는 어떤 이유들을 내세우면서 설득해야 할까?

보통의 기독교 신자라면 자살하려는 사람을 설득할 때, '그러면 안 된다'는 식의 흔하고 효과 없는 충고 외에 더해줄 말이 없을 것이다. 그들은 하느님만이 삶과 죽음을 주관하므로, 신이 용서의 손길을 내밀리라 기대하며 스스로 목숨을 끊는 건 불경스러운 일이라고 할 것이다. 그런데 이런 말보다 더 의미 있고 실질적인 이유는 찾을 수 없는 걸까? 더없이 슬프고 심각한 상태에 빠져 자살을 생각하는 사람에게, 그토록 힘든 상황에서도 여전히 삶에 살만한 가치가 있음을 깨닫게 해줄 뭔가는 없는 걸까?

정말 자살이 끊임없이 이어지고 있다. 미국에서도 해마다 약 3000명이 스스로 목숨을 끊는다. 솔직히 말하면, 이들 대다수에게는 내 조언도 설득력이 없을 수 있다. 정신이상이나 광적이고 발작적인 충동으로 자살하는 경우에는 사색조차 별로 도움이 안 된다. 이런 자살은 악의 궁극적인 수수께끼에 속한다고 할 수 있다. 이와 관련해서 내가 할 수 있는 건 종교적 인내에 대해 생각해 보라고 권유하는 것뿐이다. 종교적 인내에 대해서는 마지막 부분에서 이야기하겠다.

미리 말해두는데, 내가 할 수 있는 일은 실제로 제한적이다. 나는 이 강연에서 사색적인 사람들 특유의 '삶에 대한 형이상학적 권태 혹은 염세(tedium vitae)'만을 다룰 것이다. 좋든 싫든 여러분 대부분이 사색적인 삶에 헌신하는 철학도이므로, 삶에 대한 회의와 비실재성을 개인적으로 이미 느꼈을 것이기 때문이다. 사물과 상황의 추상적인 근원에 너무 천착하다 보면, 누구나 이렇게 되기 마련이다.

공부만 지나치게 열심히 하면 실제로 이런 일이 벌어진다. 질문만 너무 많이 하고 실제로 책임지는 행동은 하지 않으면, 지나친 감각주의(sensualism)에 빠졌을 때처럼 자주 벼랑 끝으로 내몰린다. 그러면 염세주의에 빠져서 삶을 악몽처럼 여기고 자살하고 싶다는 생각까지 하게 된다. 하지만 생각이 불러일으키는 병에는 더욱 깊은 생각이 효과적인 치유책이 될 수 있다. 지금부터는 생각에서 비롯된 우울증과 염세적인 세계관에 대해 이야기해보겠다.

먼저 말해둘 게 있는데, 삶의 가치에 대한 내 최후의 변론은 종교적 신념보다 난해하지 않다는 점이다. 물론 내 주장이 파괴적이라고 할 수도 있다. 만약 그렇다면 그건 내 주장이 종교적 신념의 샘물을 막아버리는 특정 견해들을 타파하기 때문일 것이다. 반대로 내 주장이 건설적이라고 한다면, 그건 이 샘물이 정상적으로 자연스럽게 흐르도록 특정한 견해들을 조명하기 때문일 것이다.

염세주의는 본질적으로 종교적인 병이다. 사람들은 이 병에 아주 취약하다. 기대하는 만큼 합당한 종교적 응답을 얻기가 어렵기 때문이다. 이 병에서 벗어나는 데는 두 단계가 있다. 사람들은 이 단계들을 거치며 사물을 바라보는 시각에 변화를 겪는다. 부정적인 시선에서 벗어나 긍정적인 단계로 접어드는 것이다. 이 두 단계는 차례차례 다루어야 한다.

두번째 단계에서는 더욱 완전하고 쾌활해지며 종교적 신념과 환상을 자유로이 펼치게 된다. 잘 알려져 있듯이 천성적으로 이런 면에 아주 자유로운 사람들이 있는가 하면, 전혀 그렇지 못한 이들도 있다. 예를 들어, 영원한 생명을 기대하며 정말 기쁨에 푹 젖어 사는 사람들이 있는가 하면, 자신에게는 그런 일이 일어날 리 없다며 전혀 받아들이지 못하는 이들도 있다.

영생을 믿지 못하는 사람들은 자신들의 감각에 묶여 자연스럽게 경험한 것만 믿는다. 그들 대다수는 자신들이 말하는 '분명한 사실'에 지적으로 충실해야 한다고 느끼기까지 한다. 그들은 순전히 감정의 요구에 따라 비가시적인 영적 세계를 체험하는 다른 사람들을 보며 충격을 받는다.

하지만 영원한 생명을 믿든 그렇지 않든 이들의 정신은 대단히 종교적일 것이다. 이들은 모두 속죄와 화해를 바라고, 만물에 깃든 완전한 영혼을 받아들이며 소통하기를 갈망할 것이다. 그런데 이런 갈망이 염세주의를 초래할 수도 있다. 과학이 드러내주는 분명한 사실들에만 집착하는 사람일수록 더욱 그렇다.

반면에 이런 갈망은 낙관주의도 그만큼 쉽게 불러일으킬 수 있다. 이런 갈망으로 인해 종교적 신념과 환상에 푹 빠져서 별천지를 꿈꾸는 경우에 그렇다. 이런 이유 때문에 나는 염세주의를 종교적인 병이라고 본다.

삶을 악몽이라고 여기는 데는 여러 가지 근본적인 원인이 있다. 하지만 언제나 가장 큰 원인은 생각이다. 생각에 빠지면, 자연의 배후에 신이 존재하며 자연은 신의 현현이라고 믿고 싶은 갈망과 자연 현상을 그 자체로 봐야 한다는 생각 사이에서 언제나 모순을 느끼기 때문이다. 철학자들이 말하는 자연신학(natural theology)[11]은 이런 갈망을 달래주었다. 또한 자연을 찬미하는 많은 영시(英詩)들도 중요한 역할을 해왔다.

이제 두 부류 중에서 영원한 생명을 믿지 못하는 사람들을 생각해 보자. 영생을 믿지 못하기 때문에 이들의 상상력은 한계가 있다. 이들은 자신이 상상할 수 없는 일들은 잘 받아들이지 못한다. 영적인 교감을 갈망하면서도, 자연의 과학적 질서를 신학적으로나 문학적으로 해석하는 데 어려움을 느낀다. 이런 상황에서 내적인 불화와 모순 말고 어떤 결과가 나타나겠는가?

이 내적 불화(그저 불화일 뿐이라면)는 두 가지 방법으로 해결할 수 있다. 하나는 사실을 종교적으로 해석하려는 마음을 접고 있는 그대로 받아들이는 것이다. 아니면 종교적으로 해석할 수 있도록 보완적인 사실들을 발견하거나 믿는 것이다. 이 두 가지 방법이 회복의 두 단계, 염세주의에서 벗어나는 두 단계이다. 이 두 단계에 대해 이제부터 더 분명하게 설명하도록 하겠다.

종교적 우울에서 벗어나는 법

먼저 자연에 대한 이야기부터 해보자. 자연의 배후에 신이 존재하며 자연은 신의 현현이라고 믿고 싶은 종교적 갈망을 갖고 있다면, "오, 우주여! 그대가 원하는 것을 저도 원합니다."라는 마르크스 아우렐리우스[12]의 말에 공감할 것이다. 구약성경과 구전에 따르면, 하느님은 세상을 창조하고 이를 바라보며 흡족해했다고 한다.

하지만 더 깊이 알아가다 보면, 세상 만물의 가시적이고 표면적인 모습들을 이해 가능한 하나의 통일적 원리로 설명할 수 없다는 것을 깨닫게 된다. 우리가 찬미하는 모든 현상과 더불어 그와 상반되는 현상도 공존하기 때문이다. 그리고 이런 상반되는 현상은 우리가 찬미하는 현상의 종교적 영향력을 상쇄시켜버린다. 아름다움과 추함, 사랑과 잔혹함, 삶과 죽음은 이렇게 불가분의 동반자적 관계 속에서 함께 세계를 형성하고 있다. 이로 인해 하느님이 인간을 사랑하는 자애로운 신이라는 과거의 따뜻한 믿음 대신, 미움도 사랑도 없고 모든 것을 의미 없이 공통의 운명 속으로 몰아넣는 끔찍한 신이라는 관념이 서서히 마음속에 스며든다.

　그 결과 우리는 삶을 기이하고(uncanny)[13] 불길한 것, 악몽과도 같은 것으로 바라보게 된다. 이런 시각이 특히 섬뜩한 느낌(unheimlichkeit)을 불러오거나 해로운 이유는 우리가 결코 합치될 수 없는 두 가지에 집착하기 때문이다. 한편으로는 전체를 다스리는 전지전능한 신의 존재를 바라고, 다른 한편으로는 이 신이 이미 자연 현상 속에 충분히 현현되어 있다고 믿는 것이다. 다시 말해 우리는 우리의 주인인 신이 언제나 어디서나 우리와 함께 있다고 믿으며 그와 교감하기를 바란다. 그런데 세계의 가시적인 현상이 드러내주는 신의 속성은 우리의 바람과 충돌을 일으킨다. 이 모순으로 인해 우리는 역설적으로 삶 속에서 죽음을 느끼고, 혼란에 빠져 우울을 경험한다.

　토머스 칼라일[14]은 불후의 명작 《의상철학Sartor Resartus》의 '영원한 부정(The Everlasting No)' 편에서 이런 우울과 혼란의 결과를 다음과 같이 표현했다.

　가여운 토이펠스드뢰크[15]가 말했다. "나는 언제나 규정할 수 없지만 나를 갉아먹는 끝 모를 공포 속에 살았다. 뭔지 모르는 것을 두려워하면서 겁에 질려 걱정하며 지냈다. 위의 하늘과 아래의 땅에 있는 모든 것들이 내게 상처를 주는 것만 같았다. 하늘과 땅이 탐욕스런 괴물의 거대한 입처럼 보였고, 나는 언젠가 그입이 나를 삼켜버릴 거라고 생각하며 부들부들 떨었다."

이것이 사색적인 존재가 느끼는 우울의 첫 단계이다. 동물은 이런 우울에 빠지지 않는다. 비종교적인 사람도 이런 우울에 발목 잡히는 일이 없다. 우울은 단순히 동물적 욕구의 좌절로 나타나는 증상이 아니라 종교적 갈망이 거부당했을 때 찾아오는 병적인 전율 같은 것이다.

토이펠스드뢰크도 원래는 무한한 신뢰와 애정으로 이 세계의 경험들을 받아들이다가 결국은 희생자가 되었다. 그렇지 않았다면, 그도 살아가면서 겪는 일반적인 혼돈과 괴로움을 마주하려고 최대한 노력했을 것이다. 세상의 모든 일 속에 신의 뜻이 계시되어 있다고 믿으며, 좋을 때든 그렇지 않을 때든 상황에 맞춰 삶의 쓴맛은 피하고 달콤한 것들은 만끽하면서 세상을 조금씩 받아들였을 것이다. 그렇게 그때그때 자신에게 이로운 것들을 수용하며 살다가 평안한 말년을 맞이하고, 자신의 비통함을 세상에 알려야 한다는 의무감도 느끼지 않았을 것이다. 실제로 '난 상관 안 해.' 같은 경박한 태도는 이 세상의 불행에 무감각해지도록 만드는 효과적이고 실제적인 마취제가 될 수 있다.

그러나 그는 그럴 수가 없었다! 토이펠스드뢰크와 우리의 마음 깊은 곳에서 무언가가 속삭이기 때문이다. 그 무언가는 우리에게 우주 만물에 분명히 존재하는 신에게 충실해야 하며, 신의 영광을 위해 계속 진지한 태도로 살아야 한다고 속삭인다. 이로 인해 내면의 열망과 갈등은 계속된다. 눈에 보이는 자연 현상에서는 신의 계시를 좀처럼 알아차리지 못하고, 우리의 탐구는 아직 자연이 보여주는 사실 너머까지 들여다보는 단계에 이르지 못했기 때문이다.

이제 주저 없이 진심으로 솔직하게 말하겠다. 이런 실제적이고 진정한 내적 불화는 필연적으로 순진하고 단순한 자연종교(nature religion)[16]의 붕괴를 불러오는 것 같다. 한때는 머리에 괴상한 가발을 뒤집어쓴 라이프니츠 학파(Leibnitzes) 학자들이 신정론(Theodicies)[17]으로 신을 변호했다. 한편 제도권 교회의 마구간에서 일하는 살찐 관리들이 심장 판막과 고관절의 원형인대로 '세계의 도덕적이고 지적인 운영자'의 존재를 입증하던 때도 있었다. 하지만 이제 그런 시대는 지났다. 지금은 진화론과 기계론적 철학이 발달한 19세기이고, 우리는 이미 객관적으로 자연을 잘 알고 있다. 이젠 자연에서 신의 속성을 충분히 느껴도 신을 전적으로 숭배하지는 못한다.

사실 우리는 선과 의무에 대한 지식을 전부 자연에서 얻었다. 악에 대한 것도 마찬가지이다. 눈에 보이는 자연은 대단히 변화무쌍하고 무심하다. 흔히 말하듯, 자연은 도덕적인 면에서 하나의 세계가 아니라 다중우주이다. 매춘부 같은 이런 자연에게 충성할 의무는 없다. 이런 자연 전체를 마음의 친구로 삼을 수도 없다. 자연의 몇몇 속성을 우리는 자유롭게 따르거나 거부할 수 있다. 개인적인 목표를 이루는 데 도움이 되는 특정한 속성들을 받아들일 때는 신중함이라는 원칙만 지키면 된다.

혹 우주를 주관하는 거룩한 성령이 있다 해도, 우리가 아는 자연은 결코 신의 '궁극적인 말씀'이 아닐 것이다. 자연에는 신이 현현되어 있지 않거나 불완전하게 현현되어 있다. 모든 고등 종교가 주장하는 것처럼 우리가 자연이라고 부르는 것, 즉 이 세계는 베일에 불과한 것으로서 표면만 보여준다. 이 세계의 완전한 의미는 보이지 않는 또 다른 세계, 즉 저 세상에 있다.

그래서 자연이라는 신을 숭배하는 자연 미신은 교양 있는 사람들에게 지배력을 잃기 시작했다. 시적인 기질을 지닌 몇몇 사람에게는 애석한 일일 수 있지만 나는 전반적으로 좋은 결과라고 생각한다. 내 개인적인 의견을 거침없이 표현하자면, 어떤 사람에게는 처음에 불경한 주장처럼 들리겠지만, 그런 신이 존재한다는 생각에 반기를 드는 것이야말로 우주와 궁극적으로 건강한 관계를 맺는 첫걸음이다. 이렇게 반기를 드는 태도는 조금 전 인용한 칼라일의 글 속에 잘 묘사되어 있다. 《의상철학》의 '영원한 부정' 편을 더 읽어보자.

'무엇 때문에 겁쟁이처럼 풀이 죽어 홀쭉이는가? 잔뜩 움츠린 채 발발 떠는가? 이 비열한 인간아! 그렇게도 용기가 없는가? 무엇이든 견딜 수는 없단 말인가? 비록 추방된 존재지만 자유의 자식이 아닌가? 그렇다면 토펫(Tophet)[18]이 너를 집어삼키려 하는 순간에도 딛고 일어서야 하는 것 아닌가? 올 테면 오라고 해! 기꺼이 맞서 싸울 테니!' 이렇게 생각하자, 불의 강물 같은 것이 내 온 영혼으로 밀려들었다. 나는 비열한 두려움을 영원히 떨쳐버렸다…….

이렇게 '영원한 부정'이 나와 내 존재의 후미진 곳까지 속속들이 스며들었다. 그 순간 온전한 내 존재가 신이 창조한 상태 그대로 당당하게 떨쳐 일어나 저항했다. 심리적인 면에서 볼 때 이런 저항, 분노, 반항은 삶에서 가장 중요한 일이라고 할 수 있다. 그때 영원한 부정이 이렇게 말했기 때문이다.
"보라. 아비도 없이 추방된 자여. 우주는 나의 것이다!"
이 말에 온전한 내가 대답했다.

"나는 너의 것이 아니다. 나는 자유롭다. 영원히 너를 증오할 것이다."

칼라일은 토이펠스드뢰크의 입을 빌려 이렇게 덧붙였다. "그 순간부터 나는 인간이 되기 시작했다."

우리의 불쌍한 친구 제임스 톰슨도 비슷한 내용의 시를 썼다.

이 비통한 곳에서 가장 비참한 자 누구인가?
나일 것이다. 그래도 나는 신이 되느니
가엾은 존재로 살아가겠다. 이렇게 가련한 피조물을 만들어
자신을 욕되게 하는 신이 되느니.

어떤 악한도 그대보다 악하지 않을 것이니
주 하느님이 그런 악한을 만들었도다!
모든 고통과 죄의 창조자여! 혐오스럽고,
사악하고 매정한 자여! 나는 맹세하노라.

쥐락펴락하는 그대의 권능이 아니라
그대의 영광을 찬양하려고 지은 모든 교회를 위해
이 비통한 세상에 이토록 가련한 인간들을 창조한

그 수치스러운 죄를 떠안을 것이라고.

지금 우리는 많은 기독교 신자들이 자신들의 조상인 칼뱅주의자[19]들의 하느님에게서 벗어나 환호하는 것을 흔히 볼 수 있다. 그들은 에덴동산과 뱀을 창조하고, 영원한 지옥불을 미리 만들어놓은 하느님에게서 벗어났다. 그들 중 일부는 더욱 자애로운 신을 찾아 숭배하고, 다른 일부는 그냥 모든 신학체계를 버렸다. 어느 쪽이든 그들은 믿기지 않는 우상에게도 경외와 의무감을 가져야 한다는 억지스런 생각에서 벗어나면 영혼에 엄청난 행복이 찾아온다는 점을 확인시켜주었다.

자연을 우상으로 만들고 숭배하면 억지 이론이 생겨난다. 이런 억지 이론 때문에 종교적인 사람은 물론이고 과학적인 사람들도 체념적 우울감에 빠져든다. 이 우울에서 자연스럽게 벗어나는 첫 단계는 우상을 부정하는 것이다. 우상을 무너뜨리면 완전한 기쁨은 못 누리더라도 홀쩍이거나 움츠러드는 상태에서는 벗어나게 된다.

또 악도 그냥 악으로 받아들이게 된다. 그러면 악과 우리의 관계가 실제적인 차원에서만 의미를 가지기 때문에 우울에서 쉽게 벗어날 수 있다. 악이 영향을 미치려 할 때마다 하나씩 이겨내면서, '하나뿐인 유일한 신'이 악을 만들어낸 것은 아닐까 하는 두려운 생각도 멈춘다. 이제 악은 더 이상 예전처럼 무시무시하지 않다. 집요하고 혼란스럽게 우리를 괴롭히던 악의 위력도 모두 사라져버린다.

이렇게 일원론적 미신에서 벗어나기만 해도, 자살을 생각하던 사람은 삶의 가치에 대한 의문에 답을 얻고 용기를 갖는다. 대부분의 인간에게는 본능적인 활력의 샘이 있기 때문이다. 이 샘은 무한한 책임과 형이상학의 짐에서 벗어날 때 비로소 건강하게 반응한다. 우리는 원할 때면 언제든 삶에서 걸어 나올 수 있다. 그것은 결코 불경스럽거나 말이 안 되는 일이 아니다. 이런 확신만 들어도 우리는 엄청난 위안을 얻는다.

그렇게 되면 자살을 생각하는 것도 더 이상 떳떳하지 못한 도전이나 망상이라고 할 수 없다. 그래서 톰슨도 이렇게 말했다.

우리가 견뎌야 할 것은 이 짧은 삶뿐,
가장 확실한 것은 무덤이 주는 최고의 성스런 평화.
이런 생각들은 내게 위안이 된다.

우리는 하다못해 내일 아침신문에 무슨 기사가 실릴지, 우편배달부가 무엇을 가져다줄지 보고 싶다는 이유만으로도 24시간을 더 견뎌낼 수 있는 존재이다. 그런데 이제는 염세주의적 성향을 지닌 사람의 마음속에서 이런 단순한 호기심보다 더 강렬한 힘이 일어난다. 사랑과 찬미의 충동이 죽은 경우에도, 증오와 투쟁의 충동은 적절한 자극에 여전히 반응하기 때문이다. 하지만 이제는 자살하고 싶다는 사악한 충동이 밀려들어도, 우리는 이것을 물리칠 수 있다. 그 충동을 불러오는 근원들의 뒤에 더 이상 '본질'이나 '신'이 있는 게 아니므로 근원들이 유한하다고 생각하기 때문이다. 덕분에 우리는 근원들을 하나씩 차례로 없애버릴 수 있다.

대체로 고통이나 고난은 삶에 대한 사랑을 감소시키지 못한다. 오히려 삶에 대한 열정을 강화시킨다. 이것은 사실 아주 놀라운 일이다. 우울의 주요 원인은 오히려 충만에 있다. 욕구와 투쟁은 자극과 힘을 주지만, 승리의 시간은 우리에게 공허감을 가져다준다. 예를 들어, 구약성경에 나오는 비관적인 말들은 바빌론 유배 시절이 아니라 솔로몬이 영광을 누리던 시절을 살던 유대인들의 것이다. 독일에서는 나폴레옹 군대의 말발굽에 짓밟혔을 때 가장 낙관적이고 이상주의적인 문학이 생겨났다. 그러다가 1871년 프랑스에게 수십 억 프랑의 전쟁배당금을 받은 후 염세주의가 독일 전역에 퍼졌다.

유쾌함은 고난과 싸울 때 찾아온다. 인류의 역사는 이런 유쾌함을 설명해주는 긴 주석과 같다. 최근에 읽은 발도파[20] 이야기도 강인한 인간이 무엇을 이겨낼 수 있는지 잘 보여준다.

1483년 교황 인노첸시오 8세는 발도파를 절멸시키라는 교서를 내렸다. 이 교서에는 발도파와 맞서 싸운 사람들의 종교적 형벌을 모두 면제해주고, 모든 서약으로부터 자유롭게 해주고, 불법적으로 취득한 재산의 소유권도 합법적으로 인정해준다는 내용이 들어 있었다. 또 발도파 이단을 죽인 사람들의 죄를 사해준다는 약속도 있었다.

당시 어느 발도파 작가는 이런 기록을 남겼다.

피에몬테의 모든 마을에서 교우들이 죽임을 당했다. 수사에서는 요르단 테르바노가, 투린에서는 이폴리테 로시에로가, 사르체나에서는 80대의 미카엘 고네토가 산 채로 화형을 당했다. 콜 디 메뇨에서는 빌레르민 암브로시오가 교수형을 당하고, 토리노에서는 페네스텔레의 유고 치암브스가 산 채로 몸속의 창자를 꺼내는 형벌을 받았다. 루체른에서도 마찬가지로 보비오의 페테르 제이마라리의 창자를 꺼낸 후 사나운 고양이를 풀어놓아 더욱 극심한 고통을 느끼게 했다. 로카 파티아에서는 마리아 로마노가, 산 조반니에서는 마그달레나 파우노가 산 채로 땅에 매장되었다. 사르체나에서는 수잔나 미체리니가 손발이 묶인 채 눈 위에서 추위와 굶주림에 죽어갔다. 페닐레에서는 바르토로메오 파체의 몸을 군도로 가르고 그 안에 생석회를 채워 고통스럽게 죽도록 만들었다. 봅보에서는 하느님을 찬양했다는 이유로 다니엘 미체리나의 혀를 뽑아버렸다. 제임스 마리다리는 손톱 밑과 손가락 사이, 콧구멍, 입 등 온몸에 유황성냥을 끼워 넣고 불을 붙여 죽였다. 다니엘 로벨리는 입에 화약을 채우고 불을 붙여서 머리를 산산조각 내버렸다……. 사라 로스티놀은 다리부터 가슴까지 세로로 가른 다음 에이랄과 루체른 사이의 도로에 버려 죽게 만들었다. 안나 카르본니에르는 말뚝에 꽂아 산 조반니에서 라 톨레까지 질질 끌고 갔다.[21]

이것이 전부가 아니었다! 1630년에는 역병이 발도파 신자의 절반을 쓸어가 버렸다. 이때 목사 17명 중 15명도 목숨을 잃었다. 이들이 살던 지역은 제네바와 다우피니로부터 필요한 것을 공급받았으며, 모든 발도파 사람들은 일자리를 구하기 위해 프랑스어를 배워야 했다. 계속되는 박해로 발도파는 2만5000명에서 4000여 명까지 수차례 감소했다. 1686년 사보이 공작은 발도파 생존자 3000여 명에게 믿음을 버리든지 나라를 떠나든지 선택하라고 명령했다. 이를 거부한 발도파 신자들은 피에몬테인을 포함한 프랑스 군대와 싸웠다. 싸울 수 있는 인원이 80명밖에 남지 않았을 때 그들은 결국 항복하고 스위스로 추방되었다.

1689년 윌리엄 3세의 격려에 힘입어 800에서 900명에 이르는 발도파 신자들이 목사 한 명과 함께 고향을 되찾기 위해 돌아왔다. 그들은 보비까지 진격했다. 반년 사이에 병력이 400명으로 줄어들었지만 그들은 자신들을 막아서는 모든 군대와 맞서 싸워야 했다. 결국 사보이 공작은 루이 14세와의 동맹을 철회하고, 발도파 신자들에게 어느 정도 자유를 허락했다. 그들은 척박한 알프스 계곡에 자리를 잡았고, 오늘날 그 수는 몇 배로 늘어났다.

우리의 비애와 고통을 이들이 겪은 일들과 비교할 수 있을까? 그런 고난에 맞서 그처럼 끈질기게 싸운 사람들의 이야기를 들으면, 우리도 싸워야겠다는 다짐이 넘치지 않는가? 사익을 위해 조작을 일삼는 정치꾼, 이권에 눈이 어두운 자 같은 하찮은 어둠의 세력들과 맞서 싸워야겠다는 생각이 들지 않는가?

무엇을 가져다주든, 삶은 살만한 가치가 있는 것이다. 그런 싸움을 성공적으로 마칠 수만 있다면, 그래서 폭군을 굴복시킬 수만 있다면 삶은 살만한 가치가 있다. 그러므로 세상이 요지경이고 비도덕적이라고 생각하며 자살을 생각하는 사람에게 그의 심장을 병들게 만든 바로 그 불행의 이름으로 호소할 수 있다. 이 싸움에서 그의 역할을 다할 때까지 죽지 말고 기다려 보자고.

이런 호소에 자살을 단념한다면 그건 궤변에 넘어가 자살을 접는 것과 다르다. 두려움을 불러일으키는 설교에 설득당하는 것이 아니라는 말이다. 폭압적인 신의 손바닥을 핥는 것도 아니다. 오히려 이런 단념의 바탕에는 용기와 자부심이 있다. 자살을 생각하던 사람이 치유되지 않은 자신의 개인적 불행에서 벗어나는 한, 추상적이고 일반적인 불행을 두려워하지 않는 한 그렇다.

세상에는 불행이 있기 마련이라는 사실을 인정하고 분명하게 받아들이면, 세상의 일반적인 불행에 신경 쓰기 전에 먼저 자신의 개인적 불행의 원인들을 파악하고 해결해야 한다는 것을 확신하게 된다. 그리고 개인적 불행의 원인들을 파악하고 해결할 때는 상세한 부분까지 제대로 파악해서 본성이 타락하지 않은 사람들에게 인정받을 수 있는 방식으로 해야 한다.

자살을 생각하는 사람이 사색적이라면, 사색의 힘으로 쉽게 마음을 바꿀 수도 있다. 다시 흥미를 갖고 삶에 직면하게 되는 것이다. 이때 도의심(honor, 道義心)은 아주 강력한 역할을 한다. 예를 들어, 아무 죄 없는 짐승들이 가축 운반차나 도살장에서 숱하게 죽어가고 있다. 이런 사실을 알면, 그들 덕분에 배불리 먹고 입고 성장해서 여기에 편안히 앉아 이야기를 나누고 있다는 생각이 든다. 이런 깨달음은 우주와 우리의 관계를 한층 숙연한 마음으로 바라보게 한다.

애머스트의 젊은 철학자 제노스 클라크[22]는 이에 대해 이렇게 썼다.

그런 조건에서 행복한 삶을 받아들이도록 하는 데 도의심이 영향을 미치지 않는단 말인가? 우리도 얼마간 스스로 고통을 감수해야 하지 않을까? 우리 삶의 밑거름이 된 그 모든 생명에게 보답하기 위해서라도, 살아가면서 참을성 있게 무언가 보탬이 되는 일을 해야 하지 않을까? 마음이 건강한 사람이라면 이 질문의 답이 오직 하나뿐임을 알 것이다.

이제 본능적 호기심과 용기, 도의심만 있어도 순수하게 자연주의적인 토대 위에서 매일매일 살아가는 삶이 가치 있음을 알 것이다. 건강염려증에서 벗어나기 위해 온갖 형이상학을 버린 사람, 종교 자체와 종교가 주는 긍정적인 선물에도 의지하지 않으리라 결심한 사람들은 분명히 그럴 것이다.

물론 이것을 한심하거나 어중간하게 타협한 단계라고 말하는 사람도 있을 것이다. 하지만 최소한 이런 태도가 정직한 단계라는 점은 인정해야 한다. 무엇보다 본능적 호기심과 용기, 도의심을 함부로 폄훼하지 않아야 한다. 이것들이야말로 우리의 본성 중에서 가장 훌륭한 자질이다. 종교도 사람들의 마음에 호소하려면 결국 이 자질들에 의지해야 한다.

종교에서 말하는 삶의 가치

이제 삶의 가치를 묻는 질문에 종교가 어떻게 답할 것인지에 대해 내 이야기의 핵심을 전하겠다. 인류 역사에서 종교는 다양한 의미를 지녀왔는데, 여기서 나는 종교를 초자연론적 의미로 사용하겠다. 초자연론자들은 이 세상에서 경험하는 자연의 질서가 전체 우주의 한 부분에 불과하다고 주장한다. 가시적인 세계 너머에 보이지 않는 세계가 펼쳐져 있으며, 우리는 이 세계에 대해 분명하게 아는 것이 하나도 없다. 그리고 우리가 지금 알고 있는 이 세상의 진정한 의미도 보이지 않는 세계와 관련 있다는 것이다.

내 생각에 인간의 종교적 믿음(구체적으로 어떤 교리와 관련이 있든)은 본질적으로 보이지 않는 질서에 대한 믿음을 의미한다. 이 보이지 않는 질서를 알면 수수께끼 같은 자연의 질서도 설명할 수 있다. 발달된 고등종교에서는 언제나 이 세상을 더욱 참되고 영원한 세계로 가는 발판이나 대기실 같은 곳으로 여겼다. 영원한 세계를 향한 배움과 시련, 구원의 장(場)이 이 세상이라고 확신했다. 그리고 영원한 삶을 위해 어떤 식으로든 세속을 버려야 한다고 보았다.

바람이 불면 비가 오고 해가 뜨면 달이 지는 이 물리적 세계가 신의 절대적이고 궁극적인 뜻에 따라 만들어졌다는 관념은 아주 오래된 원시 유대교 같은 초기 종교에 나타나 있다. 여러 시인과 과학자들은 통찰보다는 선의로 이런 원시종교들에 대해 현대인들이 듣기 좋아하는 글들을 여전히 발표하고 있다. 그러나 앞에서 말했듯이 이 자연종교는 나를 포함한 많은 사람들의 공감을 확실하게 잃어버렸다. 게다가 이런 사람들은 매일 늘어나고 있다. 이들이 보기에 자연의 물리적 질서는 과학이 밝혀낸 그대로이지 어떤 조화로운 영적 계시가 아니다. 천시 라이트[23]가 말했듯이 그저 끝없이 되풀이되는 날씨 같은 것일 뿐이다.

시간이 별로 많지 않아서 가능할지는 모르겠지만, 이제 여러분에게 느끼게 해주고 싶다. 우리에게는 자연의 물리적 질서가 불완전한 질서라고 믿을 권리가 있다. 동시에 보이지 않는 영적 질서에 대한 믿음으로 이 불완전한 질서를 보완할 권리도 있다. 삶을 다시 살만한 가치가 있는 것으로 느끼게 될 수만 있다면 말이다. 물론 안타깝게도 여러분 중에는 이런 믿음을 형편없이 비과학적이고 신비주의적인 것으로 보는 사람들도 있을 것이다. 과학이 믿음과 대립된다고 생각하는 사람들의 거부감을 덜어주기 위해 먼저 한두 마디 해줄 말이 있다.

인간의 본성에는 실체가 있는 사실만을 인정하는 물질주의와 자연주의적 정신이 깊이 새겨져 있다. 이런 사고방식을 지닌 사람들에게 '과학'이라는 실체는 우상과 같다. '과학자'라는 말을 좋아하는 것은 과학 옹호자들의 한 가지 특징이다. 이런 사람들은 자신이 믿지 않는 견해는 무엇이든 '비과학적'이라고 간단히 무시해버린다. 이것이 말도 안 되는 태도라는 점을 인정해야 한다.

지난 300년 동안 과학은 엄청나게 발전했다. 덕분에 우리는 자연에 대해서 전반적으로는 물론이고 세부적으로도 더욱 많은 지식을 얻게 되었다. 게다가 과학자들은 전체적으로 아주 놀라운 능력을 보여주었다. 그러므로 과학을 숭배하는 이들이 흥분해서 분별력을 잃는 것도 놀라운 일은 아니다. 이 대학에도 과학이 진리의 모든 기본 개념들을 발견했으므로 미래에는 그 세부적인 내용들을 채우기만 하면 된다고 주장하는 교수들이 여럿 있다.

하지만 실제 상황을 조금만 살펴보면, 그런 생각들이 얼마나 야만적인지 충분히 알 수 있다. 그들은 과학적 상상력이 너무 부족해서, 어느 분야든 과학을 적극적으로 주도하는 사람들이 얼마나 조잡한 실수를 저지를 수 있는지 모른다. 우리 세대만 해도 완전히 새로운 과학적 개념들이 아주 많이 생겨났다. 전에는 생각도 못했던 새로운 문제들 역시 많아졌다. 여기서 우리는 과학의 역사가 아주 짧다는 점도 주목해야 한다. 과학은 겨우 300년 전 갈릴레이와 함께 시작되었다. 그 후 네 명의 과학자가 각자 평생에 걸쳐 이룬 발견들을 계승자들에게 알려준 덕분에 지금 이

방에 앉아 있는 우리에게까지 과학의 횃불이 전달되었다.

사실 이 계승자들은 100여 명에 달하는 지금의 청중보다도 수가 적었다. 이들 각자가 자기 세대를 대변할 수 있다면, 아마 이들은 인간이 완전히 무지했던 시대까지, 그들의 이야기를 담은 문서나 기념비도 없던 시대까지 우리를 데려갈 것이다. 과학 지식은 이렇게 우후죽순처럼 갑자기 늘어났다. 그런데 과학을 통해 우주를 온전히 증명할 수 있다는 주장을 믿을 수 있을까? 물론 그렇지 않다!

우리의 무지가 바다와 같다면, 과학은 이 바닷물을 희석시켜주는 하나의 물방울이나 마찬가지이다. 다른 확실한 것이 무엇이 있든, 적어도 이것은 분명하다. 우리가 현재 자연 지식으로 파악한 세계는 더욱 커다란 어떤 세계에 싸여 있다는 것이다. 그리고 우리는 지금 이 세계의 다른 특징들을 체계적으로 분명하게 설명해내지 못하고 있다.

불가지론적 실증주의자들은 이런 점을 이론적으로는 아주 우호적으로 인정하면서도 현실에 적용해서는 안 된다고 주장한다. 이들은 우주의 보이지 않는 부분을 가정하거나 꿈 꿀 권리가 우리에게 없다고 말한다. 그것은 우리가 기꺼이 최고의 관심을 보이는 대상을 위해서만 해야 하는 일이기 때문이다. 우리는 언제나 우리 믿음에 대한 합리적인 근거를 기다려야 하고, 그런 증거를 찾지 못하면 어떤 가설도 체계화하지 말아야 한다.

물론 이런 입장은 추상적인 견지에서 충분히 안전한 태도이다. 사상가가 미지의 세계에 아무런 관심이 없거나 사활을 걸고 보이지 않는 세계를 증명할 필요가 없다면, 철학적으로 중립을 지키거나 어느 한 쪽만 믿기를 거부하는 것이 가장 지혜로울 수 있다. 하지만 불행하게도 중립을 지키는 것은 내적으로 힘들고, 외적으로도 실현하기가 어렵다. 선택 가능한 것과 실질적이고 중요한 관계를 맺고 있을 경우에는 특히 그렇다. 심리학자들이 말하듯 믿음과 의심은 태도로 나타나고 행동을 수반하기 때문이다.

예를 들어, 어떤 것의 존재를 의심하는, 즉 믿음을 거부하는 유일한 방법은 그것이 없는 것처럼 계속 행동하는 것이다. 방이 추워지고 있다는 것을 믿지 않는다면, 방이 여전히 따뜻한 것처럼 창문을 열어두고 불도 지피지 않는다. 만약 상대방이 믿을 만한 사람이라는 점을 의심하면, 신뢰할 만한 사람이 아닌 것처럼 비밀을 전혀 알려주지 않는다. 집을 안전하게 만들어야 한다는 필요성을 의심하면, 그럴 필요가 없다고 믿는 만큼 집을 안전하지 않은 상태로 방치한다.

마찬가지로 세상이 신성하다고 믿지 않을 경우, 이런 부정을 표현하는 방법은 세계가 신성한 곳인 양 분명하게 행동하기를 거부하는 것이다. 어떤 중요한 행사가 있을 때 세계가 신성한 곳이 아닌 것처럼, 다시 말해 비종교적으로 행동하는 것이다. 사실 살다 보면 행동하지 않는 것을 일종의 행동으로 여기거나 당연히 행동으로 받아들여야 하는 불가피한 경우들이 있다. 동의하지 않는 것이 실질적으로는 반대를 의미하는 경우도 있다. 이 모든 경우에 일관되고 분명하게 중립을 지키는 것은 불가능하다.

그렇다면 단순히 내적인 관심이 믿음으로 발전한 경우에도 중립성의 의무를 지키라는 것은 정말로 무리한 요구가 아닐까? 내적인 관심은 보이지 않는 세계의 힘과 실제로 아무런 관련이 없다고 말하는 것은 독단적이고 어리석은 짓이 아닐까? 내적인 관심에 기반한 예측이 충분히 예언적이라고 밝혀진 사례들도 있다.

과학을 예로 들어보자! 논리적이고 수학적인 완벽한 조화를 마음속으로 절실하게 갈망하지 않았다면, 우리는 그 거친 자연계의 온갖 존재들 사이에 그런 조화가 숨어있음을 증명해내지 못했을 것이다. 과학의 법칙과 사실 역시 모두 내적 욕구를 충족시키기 위해 피땀 어린 수고로 찾아낸 것이다.

이런 욕구가 어디서 생겨나는지 우리는 모른다. 그저 우리 안에서 이런 욕구를 발견할 뿐이다. 생물심리학에서는 지금까지 이런 욕구를 찰스 다윈이 주장한 '우연한 변이'로 분류하고 있다. 자연세계를 더욱 영적이고 영원한 어떤 것의 징표로 믿는 사람에게는 이렇게 믿고 싶은 내적 욕구가 아주 강력하고 분명하다. 마치 과학자들에게 일관된 인과법칙을 찾으려는 욕구가 있는 것과 같은 이치이다.

여러 세대에 걸친 노고 덕분에 과학자들의 이런 욕구에 예언 적인 힘이 있다는 것이 밝혀졌다. 그렇다면 전자의 욕구에도 예언 적인 힘이 있는 게 아닐까? 우리에게 가시적인 세계를 넘어서까지 믿고 싶은 욕구가 있다면, 이 욕구는 비가시적인 세계가 있음을 보여주는 신호가 아닐까? 그런데 우리의 이런 종교적인 욕구를 신뢰하지 못하게 막을 수 있는 권한이 무엇에 있단 말인가?

명백하게 과학도 그럴 권리가 없다. 과학은 무엇이 존재하 는지만 말해줄 뿐 존재하지 않는 것은 말하지 않기 때문이다. '거 부할 수 없이 분명하게 감지할 수 있는 증거가 없으면 믿지 말아 야 한다.'는 불가지론자들의 주장은 어떤 특이한 종류의 증거를 바라는 사적인 욕구의 표현일 뿐이다.

종교적 욕구에 대한 신뢰라는 말을 했는데, 여기서 '신뢰'는 무엇을 의미하는 걸까? 비가시적인 세계를 자세히 정의할 수 있 는 권한도 이 말에 담겨 있는 걸까? 신념이 다른 사람들을 저주 하고 파문해도 된다는 의미도 담겨 있는 걸까? 분명 그렇지 않다! 우리에게 믿음의 능력이 주어진 것은 정통과 이단을 분리하라는 것이 아니라 믿음에 따라 살아가라는 뜻이다. 그러므로 종교적 욕구를 신뢰한다는 것은 무엇보다 그런 욕구를 생각하며 살아간다는 의미이다. 또한 보이지 않는 세계가 실재하는 것처럼 행동한다는 의미이기도 하다.

인간은 명확한 교리나 정의가 없는 종교라 해도 이 종교에 대한 신앙의 도움으로 살 수도 있고 죽을 수도 있다. 이것이 인간의 본성이다. 이런 사람들은 자연의 질서가 궁극적인 것이 아니라 어떤 신호나 현상에 불과하다고, 다층적인 우주의 표피에 불과하다고, 그 겹겹의 우주 안에 최후의 말씀을 가진 영적 존재가 영원히 살아있다고 확신한다. 자연적 차원의 여러 상황이 상반되는 억측을 하게 만들어도, 이들은 이런 확신 덕분에 삶을 충분히 가치 있게 받아들인다. 하지만 막연하게나마 갖고 있던 이런 확신이 깨져버리면 이들은 삶의 모든 빛과 광휘를 한순간에 잃어버린다. 고뇌에 찬 눈으로 삶을 바라보다가 결국 자살을 생각하는 지경에까지 이른다.

그러므로 이 확신이라는 약은 나나 여러분 모두에게 절실한 것이다. 용기와 인내로 삶의 고난을 끝낼 수 있으며 보이지 않는 영적 세계 어딘가에서 열매를 거두리라는 확신이 있다면, 삶이 아무리 힘들어도 여기 있는 사람들 거의가 삶을 살만한 것으로 받아들일 수 있다. 하지만 이런 확신이 없을 수도 있다. 그러면 영적인 세계에 대한 그런 믿음은 바보들이 낙원이나 러버랜드[24]를 꿈꾸는 것에 불과한 걸까? 아니면 우리가 자유롭게 취할 수 있는 삶의 태도인 걸까? 있을 법하고 비슷한 것을 대신 가져다주는 것이라면 무엇이든 믿을 수 있다. 하지만 위험은 스스로 감당해야 한다.

오늘날 물리적 세계가 절대적인 것이 아닐 수도 있다는 주장, 즉 관념론으로 수렴되는 여러 주장이 설득력을 얻고 있다. 우리의 육체적 삶은 우리가 이해할 수 없는 영적인 세계에 푹 담겨 있을지도 모른다. 우리가 기르는 동물들의 삶을 생각해 보면 분명하게 알 수 있다. 예를 들어, 강아지는 인간의 삶 속에 있지만 인간과 같은 삶을 살지 않는다. 그들은 주변에서 일어나는 사건들을 매순간 목격하고, 종종 이 사건들에서 중요한 역할을 하기도 한다. 하지만 어떤 방법으로도 사건들의 내적인 의미를 이해하지는 못한다.

한 예로, 내가 기르는 테리어가 귀찮게 구는 소년을 물어서 그의 아버지가 피해배상을 요구했다고 하자. 강아지는 협상의 모든 과정과 돈을 지불하는 모습을 그 자리에서 지켜본다. 하지만 이런 일들의 의미는 전혀 눈치도 못 챈다. 이런 일들이 자신과 관계가 있다는 것조차 알지 못한다. 강아지로 태어난 삶에서는 전혀 알 수 없는 것이다.

또 다른 예를 들어보자. 내가 의대생일 때 아주 인상 깊게 경험했던 일이다. 우리는 실험실에서 불쌍한 강아지의 생체를 해부했다. 강아지는 해부대에 묶인 채 누워서 자신을 해부하는 사람들을 향해 비명을 질러댔다. 강아지는 영문도 모른 채 말 그대로 지옥 같은 상황에 있었다. 그는 해부가 끝날 때까지 한 줄기 구원의 빛도 볼 수 없었다.

악마의 짓처럼 보이는 이 모든 일이 인간의 의도에 따라 이루어진다. 이 가련하고 무지한 강아지가 인간의 의도를 파악한다 해도, 강아지가 할 수 있는 최선의 용감한 행동은 그저 묵묵히 받아들이는 것뿐이다. 동물이든 인간이든 미래의 고통을 치유해주는 진리와 구원은 바로 이 고통을 통해 얻을 수 있다. 이것이 진정한 구원의 과정이다. 해부대에 누워 있는 강아지는 더없이 숭고한 의식을 치르고 있는 셈이다. 어쩌면 강아지는 다른 개들이 인정할 수 있는 최고의 기능을 수행한다고도 볼 수 있다. 그럼에도 이 의식은 강아지가 살아가는 동안 영문도 모른 채 행하는 많은 의식들 가운데 하나일 뿐이다.

이제 강아지의 삶에서 인간의 삶을 유추해 보자. 강아지의 삶에서 볼 때, 인간은 강아지가 보지 못하는 세계도 본다. 인간이 양쪽 두 세계 모두에서 살고 있기 때문이다. 인간의 삶에서 보면, 인간은 자신의 세계와 그 안에 있는 강아지의 세계를 볼 수 있다. 하지만 이 두 세계를 모두 포함하는 더욱 큰 세계가 있을 수도 있다. 강아지가 우리의 세계를 보지 못하는 것처럼, 우리 역시 이

큰 세계를 보지 못한다. 그러므로 이런 큰 세계가 존재할 수도 있다는 걸 믿는 것은 우리가 삶에서 행해야 하는 가장 필수적이고 중요한 의식일 것이다.

이런 말을 들으면 실증주의자들은 아마 이렇게 조롱할 것이다. "아마도라니! 무슨 아마도야! 과학적인 삶에 아마도가 무슨 소용이 있어?" 그런 조롱에 나는 이렇게 답하겠다. '과학적인' 삶은 사실 그 '아마도'라는 불확실성과 관련이 많고, 인간의 삶도 대체로 불확실성과 관련이 깊다. 인간이 무언가를 위해 노력하고 조금이라도 생산적이고 창의적이라면, 아마 이 불확실성에 도전하는 일이 인간에게 가장 중요한 의식일 것이다. 이런 불확실성이 없었다면, 어떤 승리도, 어떤 충실한 행위나 용기도 내지 못했을 것이다. 신을 섬기지도 않고, 관대한 마음을 베풀지도 않고, 과학 탐구나 실험도 하지 않고, 교과서를 쓰지도 않았을 것이다. 이것은 사실이다.

우리가 살아갈 수 있는 것은 순간마다 우리 스스로 위험을 무릅쓰기 때문이다. 종종 결과가 보증되어 있지 않을 때도, 우리 믿음 덕분에 현실로 실현되는 경우가 많다. 예를 들어, 등산을 하다가 막다른 상황에 몰렸는데 살아날 방법은 뛰어내리는 것뿐이라고 하자. 이때 잘 해낼 수 있다는 믿음이 있으면, 두 발에 힘이 생겨 성공적으로 뛰어내릴 수 있다. 하지만 자신을 믿지 못하고,

과학자들이 불확실성에 대해 떠들어댄 온갖 그럴듯한 말들을 떠올리면, 너무 오래 망설이게 된다. 이렇게 불안과 두려움에 떨다가 자포자기의 순간에 자신을 내던지면, 결국 심연 속으로 굴러떨어지고 만다.

이런 극단적인 상황에서는 자신의 욕구를 믿는 것도 지혜와 용기이다. 이 믿음이 있어야만 욕구를 충족시킬 수 있기 때문이다. 믿기를 거부한다면, 그것도 좋다. 영원히 소멸해버릴 것이기 때문이다. 반대로 믿는다면 그것도 좋다. 자신을 구할 것이기 때문이다. 이렇게 우리는 믿음이나 불신을 통해, 가능성으로 남아 있던 두 세계 중 하나를 현실로 만들 수 있다. 하지만 행위를 하기 전까지는 두 세계 모두 그저 불확실한 것으로 남아 있을 뿐이다.

'삶은 살만한 가치가 있는 것인가' 하는 질문은 논리적으로 다음과 같은 조건들에 따라 답이 달라진다. 먼저 이 질문의 답은 삶을 사는 당사자, 즉 여러분의 마음 상태에 달려 있다. 삶을 악몽처럼 바라보는 시각에 굴복해서 자살을 해버리면, 이로써 잘못된 사상체계에 왕관을 씌워주면, 그림 하나가 완전히 음울하게 끝나버린다. 세계가 지속되는 한, 자살이라는 행위로 완성된 염세주의는 분명한 진실로 남는다. 견뎌나가다 보면 어떤 가치든 부여될 삶인데, 삶에 대한 불신으로 이 모든 가치를 스스로 제거해버리는 것이다. 이로써 우리의 삶이 영향을 미칠 수도 있었을 모든 세계에서 불신이 그 자체에 신성한 힘이 있음을 입증하게 된다.

반대로 삶을 비관적으로 바라보는 시각에 굴복하는 대신, 이 세상이 끝이 아니라는 믿음을 고수한다고 가정해 보자. 자신을 끊임없이 샘솟는 샘물이라고 생각해 보자. 이와 관련해서 윌리엄 워즈워스[25]는 이렇게 노래했다.

신념으로 사는 미덕과 열정이여,
용기로 사는 병사처럼,
포효하는 바다와 진정한 힘으로 싸우는 선원처럼.

아무리 많은 고난이 밀려와도, 더 커다란 세계에 대한 믿음을 갖고 주체적으로 꿋꿋하게 고난들과 맞선다고 생각해 보자. 이로써 어떤 수동적인 쾌락보다 훨씬 황홀한 기쁨을 느낀다고 생각해 보자. 이런 조건이라면 삶이 더욱 살만한 것이 되지 않을까? 삶과 한판 붙어볼 수 있는 자질을 모두 갖추고 있는데, 삶이 그저 평탄해서 이런 자질들을 발휘할 기회가 없다면 정녕 어떻겠는가?

낙관주의와 염세주의는 세계에 대한 규정이라는 점을 명심해야 한다. 그리고 세계에 대한 우리의 반응은 아무리 작은 것이어도 전체 반응의 한 부분이다. 우리의 반응도 필연적으로 세계에 대한 규정에 영향을 미친다. 어쩌면 그런 규정의 결정적인 요소인지도 모른다. 아주 부피가 큰 덩어리라고 해도, 그 위에 깃털하나를 올리면 그 덩어리의 불안정한 균형이 뒤집어질 수도 있다. 긴 문장의 끝에 '아니다'라는 세 글자만 덧붙이면, 그 의미가 완전히 뒤바뀌기도 한다. 삶은 도덕적 관점을 바탕으로 살아갈때만 살만한 가치가 있다. 그러므로 삶과 어떻게든 관계를 맺고있는 동안에는, 그런 관점을 갖고 살아가리라 다짐해야 한다. 그것이 성공적인 삶이다.

신념이 스스로를 입증한다는 이야기를 하면서, 나는 비가시적인 질서에 대한 신념이 도덕적으로 살도록 노력하고 인내하게만든다고 생각했다. 이런 노력과 인내는 가시적인 질서를 도덕적인 사람에게 더욱 좋게 만들어준다. 보이는 세계의 이로움(도덕적으로나 종교적으로 성공적인 삶에 적합하다는 의미에서)에 대한 신념이 보이지 않는 세계에 대한 믿음 덕분에 입증된 것이다. 그렇다면 보이지 않는 세계에 대한 신념도 이런 식으로 증명될 수 있을까? 누가 알겠는가?

이것도 불확실성과 관련이 있다. 이번에도 불확실성이 문제의 본질이다. 고백하는데 나는 비가시적인 세계의 존재도 우리가 종교적 호소에 보이는 반응에 부분적으로 의존할 것이라고 생각한다. 요컨대 신 자신도 우리의 충실성에서 활력을 얻고 존재를 확장할 것이다. 나로서는, 이런 것이 아니라면, 이 삶에서 우리가 흘리는 땀과 피, 비극이 무슨 의미인지 모르겠다. 이 삶이 진정한 투쟁이 아니라면, 승리를 통해 우주를 위해서 무언가를 영원히 얻을 수 있는 투쟁이 아니라면, 마음대로 퇴장해도 되는 아마추어 연극 같은 게임과 뭐가 다르단 말인가?

삶은 진짜 투쟁처럼 느껴진다. 그리고 우주에는 우리가 모든 이상적인 자질들과 충실성으로 되찾아야 하는 자연 그대로의 어떤 것이 있는 것 같다. 이 어떤 것을 되찾으려면, 무엇보다 먼저 무신론과 두려움으로부터 우리 마음을 구해내야 한다. 우리의 본성이 반쯤만 순수하고 반쯤만 구원받은 세상에 맞게 길들여져 있기 때문이다.

우리 본성의 가장 깊은 곳(최근에 어느 독일인 의사는 이것을 '혼자만의 세계Binnenleben'라고 명명했다), 이 고요한 마음자리에서 우리는 홀로 적극성과 소극성, 믿음과 두려움을 모두 안고 살고 있다. 동굴 벽에 생긴 균열과 틈으로 지구 깊은 곳의 물이 스며나와 샘물의 수원을 형성하듯, 겉으로 표출되는 우리의 모든 행위와 결정의 원인들은 이 어슴푸레한 심연에서 솟아오른다. 삼라만상의 본질과 우리의 가장 깊은 소통 기구는 바로 이 심연에 있다. 그러므로 영혼의 구체적인 움직임들과 비교해볼 때, 모든 추상적

이야기와 과학적 주장들—우리의 신념을 부정하는 엄격한 실증주의적 주장이 그 예이다—은 의미 없는 잡담처럼 들린다.

우리가 적극적으로 다루어야 할 것은 이미 확인된 사실이 아니라 가능성들이다. 필라델피아 윤리학회의 일원인 내 친구 윌리엄 설터(William Salter)의 말을 인용하자면, "용기의 본질이 가능성에 목숨을 거는 것이라면, 신념의 본질은 그 가능성이 존재한다고 믿는 것이다."

이제 마지막으로 하고 싶은 말은 이렇다.

"삶을 두려워하지 말라. 삶이 살만한 가치가 있다고 믿어야 한다. 그러면 그 믿음이 삶의 가치를 창조하게 도와줄 것이다."

여러분의 믿음이 옳다는 '과학적 증거'는 최후의 심판(혹은 이런 표현이 상징하는 어떤 존재 상태)이 닥치기 전에는 분명하지 않을 수도 있다. 그러나 지금도 충실하게 싸우고 있는 이들이나, 최후의 심판 때 그 자리에서 그 충실한 싸움을 변호할 존재들은 계속 싸우기를 거부한 겁쟁이들에게 고개를 돌릴 것이다. 그리고 승리한 후에야 뒤늦게 나타난 크리옹(Crillion)에게 앙리 4세가 했던 말을 들려줄 것이다.

"용감한 크리옹! 네 목을 매달아라. 우리가 아르크에서 싸울 때 너는 그 자리에 없었다."

2. 믿으려는 의지

■ 예일대학교와 브라운대학교의 철학 클럽에서 한 강연으로, 1896년 《뉴 월드 New World》 6월호에 게재되었다.

최근에 레슬리 스티븐[1]이 그의 형 피츠제임스 스티븐에 관한 전기 《삶The Life》을 발표했다. 이 책에는 피츠제임스가 소년 시절에 다닌 학교 이야기가 나오는데, 게스트라는 교사가 학생들에게 이런 질문을 하곤 했다.

"거니, 의화(義化, 칭의)와 성화(聖化)의 차이는 뭐지? 스티븐, 신의 전능함을 증명해봐!"

하버드대학의 자유롭고 무심한 분위기에 싸여 있는 우리로서는 오랜 역사와 전통을 지닌 여러분의 대학에서도 당연히 이런 주제에 대한 대화가 지속되고 있으리라 생각한다. 하버드대학이 이런 중요한 주제들에 대한 관심을 모두 잃어버린 것은 아니라는 걸 보여주기 위해, 오늘밤 믿음에 의한 의화(칭의)를 다룬 설교 같은 이야기를 들려주려고 한다. 논리적인 지성이 압박을 받지 않아도, 종교적 문제에 믿음의 태도를 취할 수 있는 권리를 옹호하기 위한 것이다. 그래서 제목도 '믿으려는 의지'라고 붙였다.

나는 학생들에게 자발적으로 선택한 신앙의 타당성을 오랫동안 옹호해왔다. 그런데 학생들은 논리적인 정신에 물드는 순간, 철학적으로 타당해야 한다는 내 주장을 받아들이지 않으려고 했다. 개인적으로는 언제나 이런저런 신앙에 푹 빠져 있으면서도 말이다. 나는 내 견해가 옳다고 확신하기 때문에 여러분의 초청을 받았을 때 내 입장을 분명하게 밝힐 수 있는 좋은 기회로 여겼다.

여러분은 내가 이제까지 대했던 사람들보다 더 마음이 열려 있을 것이다. 나는 되도록 전문적인 용어를 사용하지 않으려 하지만, 나중에 여러분에게 도움이 되도록 몇 가지 전문적인 용어는 먼저 정리하겠다.

가정과 선택

우리의 믿음에 대해 제안되는 모든 것은 '가정(hypothesis)'이라는 용어로 표현하겠다. 전기기사가 전기가 통하는 선과 그렇지 않은 선을 구분하듯, 우리도 가정을 '살아있는 것(live)'과 '죽은 것(dead)'으로 나눌 수 있다. 살아있는 가정은 제안받은 사람에게 진정한 가능성으로 여겨지는 것이다.

예를 들어 내가 여러분에게 마흐디(Mahdi)[2]를 믿으라고 제안해도, 이 개념은 여러분의 본성과 분명한 관계를 맺지 못한다. 전혀 신뢰감을 주지 못한다는 말이다. 그러므로 이것은 하나의 가정으로서 완전히 죽은 것이다. 그렇지만 마흐디의 신봉자가 아니어도 아랍인에게 이 가정은 가능성들 가운데 하나이다. 그러므로 이것은 살아있는 가정이다.

이것은 어떤 가정의 살아있음과 죽어있음을 결정짓는 것이 가정의 본질적인 특성이 아니라, 개개의 사색자와 연관 있음을 보여준다. 개인의 자발적인 행동의지가 가정의 죽어있음과 살아있음을 결정하는 것이다. 그리고 최대로 살아있는 가정이 확고한 행동의지를 불러온다. 실제로 이것은 믿음을 의미한다. 자발적인 행동의지가 있는 곳에는 어디든 믿음의 성향이 존재한다.

다음으로, 두 가정 중에서 결정하는 것을 '선택(option)'이라 부르기로 하자. 선택에는 여러 종류가 있을 것이다. 첫째는 살아있는 선택과 죽은 선택, 둘째는 강요된 선택과 회피할 수 있는 선택, 셋째는 중요한 선택과 하찮은 선택이다. 우리는 목적을 위해 진정한 선택을 해야 하는데 강제적이고 살아있으며 중요한 선택이 여기에 해당한다.

1. 살아있는 선택은 두 가정이 모두 살아있는 것일 때 내리

는 결정을 말한다. 내가 여러분에게 '신지론자(神智論者)나 이슬람 교도가 되세요.'라고 말한다고 하자. 여러분에게는 두 가정 모두 살아있는 것이 아니기 때문에 죽은 선택이 될 수밖에 없다. 하지만 내가 '불가지론자나 기독교도가 되세요.'라고 말한다면 반대가 될 것이다. 여러분은 이미 그렇게 교육받았기 때문에 두 가정 모두 여러분의 믿음에 크든 작든 호소력을 갖는다.

2. 다음으로 내가 여러분에게 '우산을 갖고 외출하거나 안 갖고 나가거나 둘 중에 하나를 선택하세요.'라고 말한다고 하자. 이 것은 강제적인 것이 아니므로 진정한 선택을 제안하는 것도 아니다. 여러분은 아예 외출을 안 하는 식으로 쉽게 피해갈 수 있다. 비슷한 예로, 내가 여러분에게 '나를 사랑하거나 미워하세요.', '내 이론을 진실이라고 말하거나 거짓이라고 말하세요.'라고 할 경우에도 여러분은 선택을 피해갈 수 있다. 나를 사랑하거나 미워하지 않으면서 무관심한 상태를 유지할 수 있고, 내 이론에 대한 판단을 모두 거부할 수도 있기 때문이다.

하지만 내가 '이 진리를 받아들이거나 무시하라.'라고 말한다면, 이것은 선택을 강요하는 것이다. 양자택일 말고는 다른 여지가 없기 때문이다. 이처럼 완전한 선언명제에 기반한 모든 딜레마는 선택을 피할 수 없는 강제적인 선택이다.

3. 마지막으로 내가 프리드쇼프 난센 박사[3]가 되어 북극 탐

험에 함께하자고 제안한다면 여러분의 선택은 아주 중요하다. 이런 기회는 단 한 번밖에 없을 것이기 때문이다. 선택에 따라 여러분은 북극에 다녀왔다는 불멸의 명성을 얻을 가능성을 완전히 잃거나, 최소한 명성을 얻을 기회는 가질 것이다. 이 특별한 기회를 거부한 사람은 뭔가를 시도하다 실패한 사람과 마찬가지로 소중한 것을 잃어버린다.

반대로 기회가 특별한 것이 아니거나, 걸려 있는 것이 크지 않거나, 나중에 현명한 선택이 아니었다고 밝혀졌을 때 결정을 번복할 수도 있는 선택은 하찮은 선택이다. 과학자의 삶에는 이런 하찮은 선택이 아주 많다. 예컨대 어느 화학자가 어떤 가정을 살아있는 것으로 여기고, 이 가정을 입증하는 데 1년이나 바쳤다. 그 정도로 그는 이 가정을 굳게 믿었다. 그런데 실험을 통해 어떤 결정적인 증거도 얻지 못했다면, 그는 단지 시간을 잃었을 뿐이지 치명적인 손해를 입은 것은 아니다.

이런 구분들을 명심하면, 우리의 논의가 더욱 쉽게 진행될 것이다.

파스칼의 내기

다음으로 고려해야 할 점은 인간의 견해가 보여주는 실제의 심리

작용이다. 어떤 사실들을 볼 때, 우리가 갖는 확신의 근저에는 열정적이고 의욕적인 본성이 자리 잡고 있는 것 같다. 다른 사람들을 볼 때, 일단 지성이 어떤 주장을 하고 나면 그들은 아무것도 할 수 없는 것 같다. 후자의 경우를 먼저 살펴보자.

우리가 자신의 의견을 마음대로 바꿀 수 있다는 말은 정말 터무니없어 보이지 않는가? 우리의 의지는 지성이 진실을 인식하는 데 도움이 될까 방해가 될까? 우리는 단지 의지만으로 아브라함 링컨의 존재를 신화로 믿을 수 있을까?《맥클러스 매거진 McClure's Magazine》에 나오는 링컨의 초상화들이 전부 다른 사람의 것이라고 믿을 수 있을까? 류머티즘으로 침대에서 신음하면서도 의지를 통한 노력과 소망의 힘으로 자신이 건강하다고 믿을 수 있을까? 주머니에 있는 1달러짜리 지폐 두 장을 100달러라고 믿을 수 있을까?

우리는 이런 것들에 대해 말할 수 있지만, 결코 이것들을 믿을 수는 없다. 우리가 믿는 진실의 전체 구조는 이렇게 구성되어 있다. 데이비드 흄(David Hume)이 말한 것처럼 가깝거나 먼 사실 문제, 관념들 간의 관계로 이루어져 있는 것이다. 이것들은 우리가 그렇게 보면 거기에 있기도 하고, 또 없기도 하다. 그리고 거기에 없을 경우에는 어떤 행위로도 거기에 둘 수 없다.

블레즈 파스칼[4]의《팡세Pensées》에는 문학에서 '파스칼의 내기(Pascal's wager)'로 알려진 유명한 구절이 나온다. 그는 진리에 대한 우리의 관심이 노름판의 내기와 같다고 추론하면서 기독교를 권유한다. 파스칼의 말을 자유롭게 옮겨보면 이렇다.

우리는 신의 존재를 믿거나 믿지 않을 수 있다. 과연 어느 쪽을 선택하겠는가? 인간의 이성으로는 정확한 답을 알 수 없다. 우리는 삼라만상의 본성과 게임을 하고 있다. 이 게임은 심판의 날에 판가름 날 것이다.

우리가 가진 모든 것을 동전의 앞면, 그러니까 신의 존재에 걸면 어떤 득실이 있을지 따져보자. 이기면 우리는 영원한 행복을 얻을 것이다. 반대로 져도 잃는 것은 아무것도 없다. 이 내기에서 기회가 무한하고 신에게는 한 번의 기회밖에 없다 해도, 우리는 모든 것을 신에게 걸어야 한다. 이로 인해 얼마간 손실을 본다 해도, 무한한 이득의 가능성이 있다면 어느 정도의 손실은 감당할 수 있기 때문이다. 그러니 가서 성수를 뿌리고 미사를 드려야 한다. 그러면 믿음을 얻고 망설임을 물리치게 될 것이다. 믿음을 얻어 강건해질 것이다(Cela vous fera croire et vous abêtira). 왜 믿지 않는가? 실질적으로 잃을 것이 무엇이란 말인가?

여러분은 아마 종교적 신념이 이렇게 노름판에서 쓰는 언어로 스스로를 표현하면 마지막 카드를 내놓았다고 느낄 것이다. 물론 미사와 성수에 대한 파스칼의 믿음은 전혀 다른 근원에서 비롯되었다. 그의 이 유명한 글은 다른 사람들을 위한 논증의 하나일 뿐이다. 믿지 못하는 딱딱한 마음을 열어줄 최후의 무기를 필사적으로 잡아챈 것이다.

아무 감정 없이 계산을 하고 계획적으로 성수와 미사에 대한 믿음을 받아들이면 신앙의 실제를 구성하는 내적 영혼이 결여될 것 같다. 만약 우리가 신의 자리에 있다면, 이런 식으로 믿는 사람들에게는 무한한 보상을 주지 않음으로써 특별한 즐거움을 얻을지도 모른다.

여기서 이미 미사와 성수를 믿는 성향이 있는 사람이 아니라면, 파스칼이 의지에 제안한 선택은 분명히 살아있는 선택이 아니다. 어떤 이슬람교도도 성수와 미사를 받아들이지 않는다. 우리 같은 신교도들에게도 구원의 이런 수단은 이미 분명하게 불가능한 것으로 보인다. 그래서 파스칼이 특별히 꺼내든 논리는 우리의 마음을 움직이지 못한다.

이슬람의 구세주 마흐디도 우리에게 이렇게 말할 것이다.

"나는 만인이 기다리던 자, 신이 그의 광휘 속에서 창조해낸 자이다. 내게 참회하면 그대는 영원한 행복을 얻을 것이다. 하지만 그렇게 하지 않으면 태양의 빛으로부터 멀어질 것이다. 내가 진정한 구세주일 때 얻을 무한한 이득과 내가 구세주가 아닐 때 감당해야 할 약간의 희생을 저울질해 보라!"

그의 논리는 파스칼의 논리와 같다. 그러나 그의 논리도 우리에게 아무 소용이 없을 것이다. 그가 제시한 가정이 죽은 것이기 때문이다. 우리 안에는 그가 제안하는 가정에 따라 행동할 성향이 조금도 없다.

　　그러므로 어떤 관점에서 보면, 우리가 자유의지로 믿음을 갖게 된다는 말은 어리석어 보인다. 다른 관점에서 보면, 이것은 어리석은 것보다도 더 나쁘고 비열하다. 물리학의 장엄한 체계에 눈을 돌려보면, 그것이 어떻게 이루어져왔는지를 알 수 있다. 사심 없고 도덕적인 수많은 생명이 그 토대를 만드는 일에 희생되었다. 인내하고 미루는 일도 많았으며, 자신의 취향을 참는 경우도 많았다. 외적 사실의 냉엄한 법칙들을 따른 덕에 그 주춧돌을 세우고 회반죽을 바를 수 있었다. 이로써 물리학은 완전히 비개인적인 모습으로 웅장하고 당당히 서게 되었다.

　　이에 비해 모든 하찮은 감상주의자들은 얼마나 멍청하고 경멸스러워 보이는가! 그들은 일부러 담배연기로 동그라미 모양을 만들어내면서, 자기만의 개인적인 몽상 속에서 모든 걸 결정하는 척한다. 엄격하고 거친 과학의 세계에서 성장한 사람들은 당연히 이런 주관주의를 그들의 입에서 뱉어내고 싶어 할 것이다. 과학 학파들에서 발전한 모든 충실한 체계도 주관주의의 그런 관용을 반대할 것이다. 그래서 과학적 열정을 지닌 사람들은 이따금 정

반대 극단으로 가서, 참으로 진실한 지성은 감상보다 신랄함과 엄격함을 적극적으로 선호해야 하는 것처럼 글을 쓴다. 이것은 자연스러운 결과이다.

> 내 비록 죽어도
> 진리가 영원함을 알아
> 내 영혼을 튼튼하게 하리.

아서 클러프[5]가 이렇게 읊을 때 올더스 헉슬리[6]는 외쳤다.

"나는 우리 후손들이 아무리 타락해도, 믿는 척하는 것(여기서 '척하다'는 말은 쓸모가 없지만)이 그들에게 이익이 될 수도 있다는 이유 때문에 믿을 이유가 없는 것을 믿는 척하지는 말아야 한다는 단순한 원칙을 지키는 한, 그들이 부도덕의 가장 깊은 늪에 빠지지는 않으리라는 생각에서 유일한 위안을 얻는다."

매력적이고 천재적인 젊은이 윌리엄 클리포드[7]는 이렇게 썼다.

"단순히 위안이나 개인적인 쾌락을 위해서 입증되지도 않은 주장을 의심 없이 믿을 때 믿음은 그 신성함을 잃는다. ……믿음의 문제에서 동료들에게 좋은 평가를 받는 사람은 누구나 열정적으로 경계하고 주의하며 자신이 가진 믿음의 순수성을 지킬 것이다. 그렇지 않으면 언제든 무가치한 대상에 빠져 결코 지워지지 않을 얼룩을 남기게 될 것이다.

……충분한 증거도 없이 믿음을 받아들일 경우(클리포드가 같은 지면에서 설명한 것처럼 그 믿음이 올바른 것이어도), 그 기쁨은 훔친 것이나 마찬가지이며…… 인류에 대한 의무를 무시하고 훔친 것이기 때문에 그런 신념은 죄악이기도 하다. 여기서 의무는 우리의 몸을 빠르게 잠식하고 온 마을로 번져갈 수도 있는 전염병 같은 믿음에서 우리를 지키는 것을 의미한다. ……확실하지 않은 증거를 토대로 무언가를 믿는 것은 언제나, 어디서나, 누구에게나 옳지 않다."

확신에 영향을 미치는 반지성적 본성

클리포드가 그런 것처럼 다소 거칠고 비장하게 표현했어도, 이런 모든 말은 건전하게 느껴진다. 믿음의 문제에서 자유의지와 단순한 소망은 아무 쓸모가 없는 것 같다. 그런데도 누군가 소망과 의지, 감상적 취향이 사라진 후에는 지적인 통찰이 남고, 그러면 순수한 이성이 우리의 견해를 결정할 것이라고 가정한다면, 그는 사실과 정면으로 부딪힐 것이다.

우리의 의지적 본성이 되살리지 못하는 것은 이미 죽은 가정일 뿐이다. 하지만 그 가정을 죽게 만든 것은 대체로 적대적인 의지적 본성에서 비롯된 이전의 행위이다. 내가 말한 '의지적 본성(willing nature)'은 이제는 벗어날 수도 없는 습관 같은 믿음을 확립시키는 의도적 의지만을 의미하지는 않는다. 두려움과 희망, 편견과 열정, 모방과 편협한 당파성, 신분과 사회적 위치가 주는 외적인 압박 같은 믿음의 모든 요인을 의미한다.

사실 우리는 자신이 믿고 있다는 것을 알아도 어떻게 왜 믿는지는 모른다. 아서 밸푸어[8]는 지적인 풍토에서 생겨나 가정을 가능하게 하거나 불가능한 것으로, 혹은 살아있거나 죽은 것으로 만들어버리는 모든 영향력을 '권위'라고 명명했다. 여기 이 방에 있는 사람들은 전부 분자나 에너지 보존, 민주주의, 필연적 진보, 개신교, '영구 먼로주의'[9]를 위해 싸워야 할 의무를 믿을 것이다. 하지만 그 이름에 합당한 이유도 없이 믿는다. 이걸 믿지 않는 사람들보다 내적으로 더 명료하게 들여다보지도 못하며, 어쩌면 그들보다 더 모를지도 모른다. 믿지 않는 사람은 그의 비관습적인 사고 덕분에 결론에 대한 나름의 근거들을 갖고 있을 수도 있기 때문이다.

하지만 우리의 경우는 다르다. 어떤 견해들이 불꽃을 일으켜서 우리의 잠자고 있던 신념의 화약고에 불이 붙는다면, 그건 우리의 통찰이 아니라 견해에 대한 믿음과 기대 때문이다. 우리의 맹신을 누군가 비판할 때 재인용할 수 있는 논거가 몇 개라도 있으면, 우리의 이성은 1000번에 999번은 아주 만족한다.

요컨대 우리의 믿음은 다른 누군가의 믿음 속에 있는 믿음이다. 아주 중요한 문제에 대한 믿음도 대개 이렇다. 진리 자체에 대한 믿음도 마찬가지이다. 우리는 진리가 존재하고, 진리와 우리의 정신이 서로 잘 어울린다고 믿는다. 하지만 이런 믿음도 결국은 사회체제가 떠받쳐주는 욕망에 대한 열정적인 긍정에 불과한 것이 아닐까?

우리는 진리를 갖고 싶어 한다. 실험과 연구, 토론을 통해 계속 진리에 더 가까이 다가가게 되리라 믿고 싶어 한다. 그리고 이런 노선에서 사유하는 삶을 끝까지 치열하게 살아가려고 한다. 그런데 극단적인 회의론자가 이 모든 것을 어떻게 아느냐고 묻는다면, 우리의 논리는 과연 답을 찾을 수 있을까? 그럴 수 없다! 분명히 그러지 못한다. 단지 의지 대 의지의 대결일 뿐이기 때문이다. 우리는 회의론자라면 애써 만들지 않을 가정이나 신뢰에 의지해서 살아갈 뿐이다.[10]

일반적으로 우리는 자신에게 아무 쓸모가 없는 이론이나 사실은 전혀 믿지 않는다. 클리포드의 보편적인 정서도 기독교인에게는 아무런 감흥을 불러일으키지 못한다. 헉슬리가 주교들을 공격한 것은 성직주의[11]가 그의 삶의 구도에 쓸모가 없었기 때문이다. 반대로 존 뉴먼[12]은 가톨릭의 교의를 탐구한 결과, 거기 머물러도 좋을 이유들을 많이 발견했다. 사제제도가 그에게는 기질적으로 필요하고 기쁨을 주는 것처럼 여겨졌기 때문이다.

또 다른 예로, 텔레파시의 증거를 살펴보기라도 하는 '과학자'들이 그토록 소수인 이유는 무엇일까? 지금은 세상을 떠났지만 선두적인 역할을 했던 어느 생물학자는 내게 이렇게 설명했다. 텔레파시가 사실이라 해도, 과학자들은 서로 뭉쳐서 그것을 억압하고 은폐해야 한다고 생각한다. 텔레파시가 자연의 균일성(uniformity of Nature)[13]을 포함한 많은 것을 무효로 만들어버리는데, 이것들이 없으면 과학자들이 연구를 계속할 수 없기 때문이다.

하지만 이런 과학자도 텔레파시로 할 수 있는 무언가를 보면, 그 증거를 살펴보고 그것이 충분히 훌륭하다는 점을 발견할 것이다. 요컨대 논리학자들이—우리의 의지적 본성을 배제하는 사람들에게 논리학자라는 이름을 붙일 수 있다면—우리에게 강요하는 법칙의 근거는 그들 자신의 본능적 욕망뿐이다. 논리학자의 전문적 자질로 볼 때 쓸모가 없다고 생각되는 요소들을 전부 배제하고픈 욕망 말이다.

그러므로 우리의 반지성적 본성은 분명히 우리의 확신에 영향을 미친다고 할 수 있다. 열정적인 성향과 의지는 믿음에 앞서 존재하기도 하고, 믿음 후에 생기기도 한다. 이중에 후자는 너무

늦어서 공정하기가 힘들다. 그렇지만 이전의 열정적인 작업이 이미 방향을 잡고 있을 때는 후자도 늦은 것은 아니다. 그러므로 파스칼의 주장은 무력한 것이라기보다 정상적이고 결정적인 말처럼 보인다. 미사와 성수에 대한 우리의 믿음을 완성시키는 데 필요한 마지막 일격과 같다. 상황은 확실히 단순하지 않다. 순수한 통찰과 논리가 아무리 이상적으로 작동해도, 우리의 신조를 만들어내는 유일한 것은 아니다.

믿음의 심리적 원인

이런 복잡한 상황을 인식했다면 이제 자문해봐야 한다. 이런 상황은 단순히 비난받을 만하고 병적인 것인가? 아니면 우리의 마음을 정하는 데 필요한 정상적인 요소로 여겨야 하는가?

　내가 옹호하는 논지를 간단히 정리하면 이렇다. 우리는 열정적인 본성으로 명제들 사이에서 정당하게 선택을 할 수 있고 또 해야 한다. 그 선택이 본질상 지적인 근거로는 할 수 없는 진심어린 선택일 경우에는 언제나 그렇다. 그런 상황에서는 '결정을 하지 말고 문제를 그냥 두어라.'라고 말하는 것 자체가 열정적인 결정이기 때문이다. 이런 열정적 결정은 '예' 혹은 '아니오'를 결정하는 것과 마찬가지로 진실을 놓칠 위험성을 안고 있다. 추상적으로 표현했지만, 이 논지를 곧 아주 명확하게 파악할 수 있을 것이다. 하지만 먼저 기본적인 작업에 좀 더 전념해 보아야 한다.

우리 정신의 운명

이 논의의 목적을 위해 우리는 '독단적인' 입장을 견지할 것이다. 일체의 철학적 회의주의를 고려하지 않을 것이라는 의미이다. 회의주의자들은 그러지 않겠지만, 우리는 진리가 있고 이 진리를 얻는 것이 우리 정신의 운명이라고 의도적으로 상정할 것이다. 이런 점에서 우리는 회의주의자들과 완전히 다르다.

하지만 진리가 존재하고 우리 정신이 그것을 찾을 수 있다는 믿음은 두 가지 방식으로 말할 수 있다. 경험주의자적 방식과 절대주의자적 방식으로 진리를 믿을 수 있는 것이다. 이와 관련해서 절대주의자는 우리가 진리를 알 수 있을 뿐만 아니라, 진리를 아는 때가 언제인지도 알 수 있다고 말한다.

반면에 경험주의자는 우리가 진리에 도달할 수는 있지만, 언제 도달하는지는 확실하게 알 수 없다고 생각한다. 아는 것과 우리가 안다는 것을 확실하게 아는 것은 별개의 문제이다. 후자가 없어도 전자는 가능하다고 주장할 수 있다. 그러므로 경험주의자와 절대주의자 모두 철학에서 흔히 말하는 회의주의자는 아니지만, 그들의 삶에서 서로 다른 독단주의를 보여준다.

사상사를 살펴보면, 경험주의적 경향은 대체로 과학에서 우세한 반면 철학에서는 절대주의적 경향이 지배했다. 실제로 여러 철학이 주는 독특한 행복은 주로 연이은 개개의 학파나 체계들이 근본적인 확실성에 이르렀다고 느끼는 확신에 있다. '다른 철학들은 대체로 잘못된 견해들을 모아놓은 것에 불과하지만, 내 철학은 영원히 확고부동한 견해를 제공해준다.' 이런 말에서 그 이름에 걸맞은 모든 체계의 핵심을 인식하지 못하는 사람이 누가 있을까? 체계가 되려면, 이런저런 세부 사항들은 변경될 수 있지만 그 본질적인 특성은 결코 바뀌지 않는 닫힌 체계여야 한다!

완벽하게 명료한 진술을 원할 때 우리가 늘 의지하는 정통 스콜라 철학은 그들이 말한 '객관적 증거'의 원칙으로 이 절대주의자적 확신을 자세하고 아름답게 설명했다. 예를 들어, 내가 지금 여러분 앞에 존재한다는 것, 둘이 셋보다 적다는 것, 모든 인간이 유한한 존재라면 나도 유한하다는 것을 나는 의심할 수 없다. 이런 것들이 거부할 수 없이 나의 지성을 밝혀주기 때문이다.

어떤 명제들이 가진 객관적 증거의 궁극적 근거는 우리의 지성이 사실에 순응하는 것(adaequatio intellectûs nostri cum rê)이다. 이런 순응이 가져다주는 확실성으로 인해, 진리라고 여겨지는 것은 지성에 확실한 동의를 요구(aptitudinem ad extorquendum certum assensum)하고, 주체는 인식 속에서 쉬게 된다(quietem in cognitione). 그러므로 일단 대상을 정신적으로 받아들이고 나면, 의심이 개입할 여지는 없어진다. 이 전체 과정에서 작용하는 것은 대상의 본질 자체(entitas ipsa)와 정신의 본질 자체뿐이다.

현대의 게으른 사상가들은 라틴어로 이야기하는 걸 싫어한다. 사실 우리는 정해진 용어로 이야기하는 걸 싫어한다. 그러나 무비판적으로 우리 자신을 포기할 때, 우리의 정신 상태는 근본적으로 이와 많이 흡사하다.

여러분은 객관적인 증거를 믿으며 나도 그렇다. 우리는 어떤 것들에 대해 확실하다고 느낀다. 우리가 알고 있고, 우리가 알고 있다는 것을 안다고 느끼는 것이다. 우리 안에는 찰칵 소리를 내는 어떤 것이 있다. 우리 정신의 시계바늘이 한 바퀴 돌아 12시를 가리킬 때 이것은 종처럼 열두 번 울린다.

우리 중에서 가장 위대한 경험주의자는 관념적 경험주의자일 뿐이다. 본능에 맡기면 그들은 절대 과오를 범하지 않는 교황처럼 독단적이 된다. 클리포드 같은 사람은 그렇게 '불충분한 증거'를 토대로 기독교인이 되는 것은 정말 죄를 짓는 일이라고 했다. 그러나 그들은 이 불충분성을 별로 염두에 두지 않는다. 그들에게는 증거가 절대적으로 충분하기 때문이다. 하지만 이 증거는 다른 방향을 만들어낼 뿐이다. 그들은 우주의 반기독교적인 질서를 너무 철저하게 믿는다. 그래서 거기에는 살아있는 선택이 없다. 기독교는 처음부터 죽은 가정에 불과하다.

경험주의와 절대주의

우리 모두는 본능적으로 절대주의자이다. 그렇다면 철학을 배우는 학생으로서 이런 사실에 대해 어떻게 해야 할까? 그것을 인정하고 지지해야 할까? 아니면 가능한 한 벗어나야 할 약점으로 받아들여야 할까?

사색적인 인간으로서 우리가 따를 수 있는 길은 후자뿐이라고 진심으로 믿는다. 객관적 증거와 확실성은 확실히 갖고 놀기에 아주 좋은 이상적인 것이다. 하지만 달빛 쏟아지는 이 꿈같은 세상 어디에서 이것들을 찾을 수 있단 말인가? 그래서 나는 인간 인식론에 관한 한 철저한 경험주의자이다.

나는 우리가 경험을 계속하면서 자신의 경험을 깊이 생각해봐야 한다는 실제적인 신념을 갖고 살아간다. 이렇게 해야만 우리의 견해가 더욱 진실에 가까워질 수 있다. 하지만 어느 하나의 견해—어떤 견해든 상관이 없다—를 마치 재해석이나 수정이 불가능한 것인 양 고집하는 것은 대단히 잘못된 태도이다. 철학의 전체 역사가 이런 내 생각을 지지해줄 것이다.

하지만 한 가지 완전무결한 진리는 있다. 극단적 회의주의자들도 이 진리는 그대로 둔다. 이 진리는 바로 의식의 현재 현상이 존재한다는 것이다. 그러나 이것은 인식의 출발점일 뿐이며, 단순히 철학의 대상을 인정하는 것이다. 다양한 철학들은 이 대상이 실제로 무엇인지를 밝혀내는 시도들에 지나지 않는다. 그리고 도서관에 가보면, 이에 대한 견해들이 서로 다르다는 것을 알 수 있다!

그렇다면 어디서 확실한 답을 얻을 수 있을까? 2+2=4와 같은 추상적인 비교 명제들은 구체적인 실재에 대해 아무것도 말해주지 않는다. 이런 명제들 말고, 거짓으로 불린 적이 없거나 그 진실성을 진지하게 의심받은 적이 없는 명제도 누군가 명백하게 확실한 것으로 간주한 적이 없다. 요한 프리드리히 쵤너[14]나 찰스 힌턴[15] 같은 우리 시대 사람들이 장난이 아니라 진지하게 기하학의 공리들을 뛰어넘으려는 것이나, 헤겔주의자들이 아리스토텔레스 학파의 논리학을 완전히 거부하는 것이 그 인상적인 예이다.

실제로 참인 것에 대한 구체적인 검증법도 합의된 적이 없다. 어떤 사람들은 인식 순간의 바깥에서 기준을 찾는다. 계시나 만인의 의견 일치(consensus gentium), 직감, 인류의 체계화된 경험에서 기준을 찾는 것이다. 그런가 하면 인식의 순간을 그 자체의 검증 수단으로 삼는 이들도 있다. 예를 들어, 르네 데카르트는 신의 진실성이 보증하는 명백한 관념을, 토머스 리드[16]는 '상식'을, 임마누엘 칸트는 '선험적' 종합 판단을 그 기준으로 삼았다. 반대되는 것의 인지 불가능성, 지각으로 검증하는 능력, 어떤 것이 그 자신의 타자일 때 실현되는 자기관계나 완전한 유기적 통일성을 기준으로 사용한 것이다.

많은 찬사를 받았던 객관적 증거는 여기에 존재하지 않는다. 객관적 증거는 그저 사유하는 삶의 아주 먼 이상을 특징짓는 열망 혹은 한계개념(Grenzbegriff)[17]일 뿐이다. 어떤 진리들에 객관적 증거가 있다는 주장은 그 진리들이 참이라고 생각하고 정말로 참이므로 그 증거가 객관적이라고, 그렇지 않을 경우엔 증거가 객관적이지 않다고 말하는 것과 같다. 하지만 실제로 보면, 어떤 증거가 정말로 객관적이라는 확신은 또 하나의 주관적인 견해일 뿐이다.

그런데도 우리는 얼마나 많은 모순적 견해들에 객관적 증거와 절대적 확실성이 있다고 주장해왔는가! 세계는 철저히 이성적이다-세계의 존재는 궁극의 적나라한 사실(brute fact)이다, 인격신은 존재한다-인격신은 상상도 할 수 없다, 즉각적으로 알 수 있는 초정신적인 물리적 세계가 존재한다-정신은 자신의 관념만을 알 수 있다, 도덕적 명령은 존재한다-의무는 욕망의 결과일 뿐이다, 모든 것 속에 영원한 영적인 원리가 있다-변화하는 마음 상태가 있을 뿐이다, 원인들의 무한한 사슬이 있다-하나의 절대적인 제1원인이 있다, 영원한 필연성이 있다-자유가 있다, 목적-무목적, 근원적 유일자-근원적 다자, 보편적 연속성이 있다-사물에는 본질적인 불연속성이 있다, 무한성이 있다-무한성은 없다, 이것이 있다-저것이 있다.

누군가 절대적 진실이라고 생각하지 않는데 그의 이웃은 절대적 거짓이라고 생각하는 것은 사실 없다. 문제는 언제나 필수적일 수 있고, 지성은 진실을 손 안에 쥐고 있어도 그것이 진실인지 아닌지를 알려주는 분명한 신호는 갖고 있지 않을 수 있다. 어떤 절대주의자도 이런 점들을 생각해 보지 않는 것 같다. 사실 객관적 확실성의 원칙을 삶에 실제로 적용시킨 가장 인상적인 예는 종교재판소의 양심적인 활동이다. 이것을 기억하면, 절대주의자는 전처럼 공손하게 객관적 확실성의 원칙에 귀 기울이지는 않을 것이다.

하지만 경험주의자로서 객관적 확실성의 원칙을 포기한다고 해도, 이것이 진리 자체에 대한 희망이나 추구를 포기하는 것은 아님을 명심해야 한다. 우리는 여전히 진리의 존재를 믿으며, 체계적으로 경험을 쌓고 사색을 계속하면 진리에 더욱 가까워지리라 생각한다. 스콜라 철학자들과 우리의 큰 차이는 직시의 방법에 있다. 스콜라 철학의 힘은 원리와 기원, 사유의 출발점(terminus a quo)에 있다. 반면에 우리의 힘은 결과와 결말(terminus ad quem)에 있다.

중요한 것은 어디서 생겨나는가가 아니라 어디로 이끄는가이다. 경험주의자에게 가정이 어디서 생겨나는가 하는 점은 중요하지 않다. 그는 가정을 정당한 방법으로 얻을 수도 있고 부당한 방법으로 얻을 수도 있다. 열정이 그에게 속삭여줄 수도 있고, 우연이 암시해줄 수도 있다. 그러나 사유의 흐름이 계속 그것을 확인시켜준다면, 그에게 그것은 진실이다.

도달하기 어려운 객관적 확실성

작지만 중요한 문제를 하나 더 이야기하고 서론을 마무리하겠다. 견해와 관련해서 의무를 보는 두 가지 관점이 있다. 두 관점이 아주 다른데도, 인식론은 지금까지 그 차이에 거의 관심을 기울이지 않은 것 같다. '우리는 진리를 알아야 한다. 그리고 오류를 피해야 한다.' 인식자가 되려는 사람에게 이것은 가장 중요한 계명이다. 그런데 이 둘은 동일한 계명을 두 가지로 기술한 것이 아니라 각각 분리할 수 있는 법칙이다.

물론 진리 A를 믿을 때, 부수적인 결과로서 거짓 B를 믿는 것을 피할 수 있다. 하지만 단순히 거짓 B를 믿지 않는다고 필연적으로 A를 믿게 되는 것은 아니다. B를 피하면서 B만큼 안 좋은 거짓 C나 D를 믿게 될 수도 있다. 혹은 A를 포함해서 어떤 것도 믿지 않음으로써 B를 피할 수도 있다.

진리를 믿어라! 오류를 피하라! 이 둘은 실질적으로 다른 법칙이다. 둘 중 어느 것을 선택하느냐에 따라 우리의 지적인 삶 전체가 다르게 채색된다. 진리 추구를 최고의 목표로 삼고, 오류의 회피는 부차적인 것으로 여길 수도 있다. 반면에 오류의 회피를 더욱 필수적인 것으로 보고 진리 획득은 운에 맡길 수도 있다.

내가 인용했던 유익한 구절에서 클리포드는 우리에게 후자를 권했다. 그는 불충분한 증거로 마음을 닫아버리고 결국 거짓을 믿는 끔찍한 위험을 초래하느니, 아무것도 믿지 말고 마음을 영원히 유예 상태에 두라고 했다.

한편 진정한 이해가 주는 축복과 비교할 때 오류가 초래할 위험은 아주 작은 문제라고 생각하는 이들도 있다. 이런 사람들은 진리를 추측해볼 기회를 한없이 미루기보다, 진리를 탐구하면서 수차례 속을 각오를 하고 있을 수도 있다.

나는 클리포드의 생각에 동의할 수 없다. 진리나 오류에 대한 우리의 이런 의무감은 어떤 경우든 열정적인 삶의 표현일 뿐임을 명심해야 한다. 생물학적으로 보면, 우리의 정신은 진실성만큼 거짓을 가려낼 준비도 되어 있다. '거짓말을 믿느니 영원히 신념을 갖지 않고 살아가는 편이 낫다!'는 말은 멍청이가 될지도 모른다는 커다란 두려움을 드러내는 것일 뿐이다. 그런 사람은 자신의 다른 여러 욕망과 두려움에는 엄격하면서 이 두려움에는 노예처럼 굴복한다. 그는 누군가 이 두려움의 구속력에 의문을 제기할 수도 있다는 것은 상상도 못한다.

나도 멍청이가 되면 어쩌나 하는 두려움을 안고 있다. 하지만 나는 이 세상에서 멍청이가 되는 것보다 더 안 좋은 일들이 일어날 수 있다고 믿는다. 그래서 클리포드의 권유는 내게 아주 기이하게 들린다. 그의 말은 장군이 병사들에게 부상을 당할 위험을 감수하느니 영원히 전투를 피하는 게 좋다고 말하는 것과 같다. 그렇게 해서는 적이나 자연을 이길 수 없다.

우리의 오류는 그렇게 끔찍한 일도 아니다. 아무리 주의를 기울여도 오류를 범할 게 분명한 세계에서는 이처럼 지나치게 소심한 것보다는 마음을 가볍게 먹는 편이 더 건강한 것 같다. 어쨌든 경험주의적 철학자에게는 그것이 가장 적절한 태도처럼 보인다.

믿음의 두 가지 위험성

서론이 끝났으니 곧장 우리의 문제를 이야기하겠다. 다시 한 번 말하자면 우리의 열정적 본성은 사실 우리의 견해에 영향을 미친다. 뿐만 아니라 우리에게는 이런 영향을 선택의 필연적이고 합당한 결정요인으로 보아야 한다는 견해들 사이에서 선택할 자유도 있다.

여기서 여러분 가운데 몇몇은 위험을 감지하고 내 이야기를 적대적으로 듣지 않을까 걱정된다. 여러분은 사실상 열정의 처음 두 단계를 필요한 것으로 인정했다. 속지 않기 위해 사유해야 한다는 것과 진리를 얻기 위해 사유해야 한다는 것이다. 그런데 이제부터는 이런 이상적 완성에 이르는 가장 확실한 길이 더 이상 열정적 단계를 밟지 않는 것이라고 생각할 것이다.

물론 사실이 허용하는 한 나도 동의한다. 진리를 얻는 것과 잃는 것 사이의 선택이 중요하지 않을 경우, 우리는 진리를 얻을 기회를 버리고 객관적 증거가 주어질 때까지 결정을 내리지 않을 수 있다. 이로써 어떻게든 거짓을 믿을 위험으로부터 자신을 구할 수도 있다. 과학적인 문제에서는 거의 언제나 그렇다.

일상적인 문제들에서도 대체로 행위의 필요성은 그렇게 절박하지 않다. 그래서 거짓된 믿음에 따라 행위를 하는 것보다는 아예 믿음을 안 갖는 편이 더 낫다. 실제로 법정에서는 그 순간에 얻을 수 있는 최고의 증거에 따라 판단을 해야 한다. 법을 확인하는 것뿐만 아니라 법을 만드는 것도 판사의 의무이기 때문이다. 그리고 어느 정통한 판사가 내게 말했던 것처럼, 많은 시간을 할

애할 만한 사건도 거의 없다. 중요한 것은 인정할 만한 원칙에 따라 사건들을 판결하고 넘어가는 것이다.

하지만 객관적 자연을 다룰 때 우리는 분명히 진리의 기록자이지 진리를 만드는 사람이 아니다. 그리고 얼른 다음 일로 넘어가기 위해 그냥 재빨리 결정을 내려버리는 것은 전적으로 부적절하다. 물리적 자연의 모든 영역에서 사실은 우리와 전혀 관계없이 존재한다. 멍청이가 될 위험을 감수하고 설익은 이론을 믿을 정도로 그렇게 서둘 필요가 없는 것이다.

여기서 문제는 언제나 자잘한 선택들이고, 가정은 거의 살아있지 않으며(우리 구경꾼들에게는 어쨌든 그렇다), 진실을 믿거나 거짓을 믿는 것 사이의 선택도 강요되지 않는다. 그러므로 오류를 피하고자 한다면, 회의적 균형의 태도가 틀림없이 지혜로울 것이다. 사실 뢴트겐 광선 이론을 믿든 안 믿든, 정신이라는 질료를 믿든 안 믿든, 의식 상태의 인과성을 확신하든 안 하든, 우리 같은 대다수의 사람들에게 무슨 차이가 있겠는가? 전혀 없다. 그런 선택이 우리에게 강요되는 것도 아니다. 모든 면에서 선택을 안 하는 편이 낫다. 그래도 거짓이거나 진실인 이유를 언제나 무심하게 계속 숙고해 보는 것이 좋다.

물론 나는 여기서 순수하게 판단하는 정신에 대해 이야기하고 있다. 무관심은 발견을 위해 썩 추천할 만한 것이 못된다. 자신의 신념을 확인받고 싶은 열정적인 욕망을 발휘하지 않았다면, 과학은 지금처럼 발전하지 못했을 것이다. 허버트 스펜서(Herbert Spencer)와 아우구스트 바이스만(August Weismann)이 요즘 보여주고 있는 총명함도 한 예이다.

　탐구를 제대로 못하는 멍청이를 원한다면, 탐구 결과에 전혀 관심 없는 사람을 택하면 된다. 그런 사람은 보증된 무능력자, 명백한 멍청이이다. 가장 쓸모 있는 탐구자는 가장 예민한 관찰자이다. 그는 속지 않기 위해, 문제의 한 면을 바라볼 때 언제나 열정적인 관심과 똑같이 섬세한 예민함을 균형 있게 발휘하려고 노력한다.[18]

　과학은 이런 예민함을 이른바 검증방법이라는 정규 테크닉으로 정립했다. 그리고 진리 자체에는 전혀 신경 쓰지 않는다고 말할 정도로 이 검증방법을 선호한다. 과학이 관심을 갖는 것은 오로지 기술적으로 검증된 진리뿐이다. 진리 중의 진리는 긍정의 형태로도 오지만, 과학은 이 문제를 건드리려 하지 않을 것이다. 이로써 과학은 인류에 대한 의무에도 불구하고 클리포드처럼 그런 진리를 잃어버릴 것이다.

　인간의 열정은 과학 기술의 규칙들보다 더 강하다. 파스칼의 말처럼 "마음에는 이성으로 이해할 수 없는 그 자체의 이성이 있다(Le coeur a ses raisons que la raison ne connaît pas)." 그리고 아무리 심판관, 즉 추상적 지성이 게임 규칙에만 관심을 기울여도, 심판관에게 심판 자료를 제공하는 실제 선수들은 보통 자신이 좋아하는 '살아있는 가정'에 빠져 있다. 그러나 강요된 선택이 없을 경우, 선호하는 가정이 없는 냉철하고 공정한 지성은 어쨌든 우리를 속임에서 구해준다. 이런 지성을 우리의 이상으로 삼아야 할 것이다.

다음으로 이런 의문이 일어난다. 우리의 사변적 질문에 강요된 선택지가 있는 건 아닌가? 멍청이 짓을 피하기 위해서만이 아니라 진리를 확실하게 얻는 것에도 관심을 가진 사람들은 거부하기 힘든 증거가 주어질 때까지 무사히 기다릴 수 있을까? 진리가 우리의 필요와 능력에 그처럼 훌륭하게 맞춰주는 것은 선험적으로 있을 수 없는 일인 것 같다. 자연이라는 거대한 하숙집에서는 케이크와 버터, 시럽이 아주 균등하게 나와서 접시를 깨끗이 비우게 되는 경우가 거의 없다. 이런 일이 일어나면, 과학적 의심을 품고 이것을 살펴봐야 한다.

사유하는 사람의 가장 큰 부도덕

도덕적 질문은 합리적인 증명을 기다릴 수 없는 질문의 형태로 즉각 일어난다. 이 도덕적 질문은 분명하게 존재하는 것이 무엇인지를 묻는 것이 아니라, 선이 존재한다면 무엇이 선이고 선일 것인가를 묻는다. 과학은 존재하는 것에 대해서 말해준다. 하지만 존재하는 것과 존재하지 않는 것의 가치를 비교하려면, 과학이 아니라 파스칼이 말한 마음에 물어보아야 한다.

과학도 사실의 끝없는 확인과 잘못된 믿음의 수정이 인간에게 최고의 선이라고 주장할 때는 마음에 의존한다. 최고의 선에 대한 과학의 이런 주장에 이의를 제기하면, 과학은 거드름을 피우며 같은 말을 되풀이할 것이다. 혹은 그런 확인과 수정이 인간에게 온갖 종류의 다른 선들을 가져다주면 이어서 인간의 마음이 이것들을 주장하는 것임을 보여주려 할 것이다.

도덕적 신념을 갖고 안 갖고의 문제는 우리의 의지가 결정한다. 그렇다면 우리의 도덕적 선호는 참인 걸까 거짓인 걸까? 아니면 이상한 생물학적 현상에 불과한 걸까? 사물이나 상황 자체에는 무관심하면서 그것들을 우리에게 좋거나 나쁜 것으로 만들어버리는 그런 현상에 지나지 않는 걸까? 우리의 순수한 지성이 어떻게 결정을 할 수 있겠는가? 마음이 도덕적 실재의 세계를 원치 않으면, 우리의 머리도 분명히 그것을 믿게 만들지 않을 것이다. 실제로 메피스토펠레스적인 회의주의는 어떤 엄격한 관념론보다도 머리의 유희본능을 충족시켜줄 것이다.

어떤 사람들은 선천적으로 너무 냉정해서 학생 때도 도덕적인 가정에 전혀 자극받지 않는다. 이런 거만한 사람들 앞에서 열정적이고 젊은 도덕주의자는 이상하게도 늘 불편함을 느낀다. 얼핏 그들은 다 알고 있는 것 같고, 젊은 도덕주의자는 순진하게 잘 속아 넘어갈 것처럼 보인다. 그러나 젊은 도덕주의자는 말로 표현하지 않아도, 자신이 잘 속는 멍청이가 아니라고 생각한다. 또 에머슨의 말처럼 그들의 모든 기지와 지적인 우월성에 여우처럼 교활한 면이 있다는 생각도 버리지 않는다.

도덕적 회의주의도 지적인 회의주의처럼 논리로 반박하거나 증명할 수 없다. 진리가 정말로 있다는 주장을 고수할 때 우리는 진심을 다해 그렇게 한다. 그래서 그 결과에 따라 대항하거나 굴복할 각오가 돼 있다. 회의주의자들도 진심을 다해 의심하는 태도를 취한다. 하지만 어느 편이 더 현명한지는 전지전능한 신만이 안다.

이제 선에 관한 광범위한 질문에서 사실에 관한 질문으로 옮겨가보자. 이 사실에 관한 질문은 대인 관계, 사람과 사람 사이의 마음 상태에 관한 것이다. '당신은 나를 좋아하나요? 아니면 좋아하지 않나요?' 같은 질문이 그 예이다. 수많은 사례들에서 알 수 있듯, 상대가 나를 좋아하고 안 좋아하고는 내가 상대에게 양보를 하는지, 상대가 나를 좋아할 거라고 확신하는지, 상대에게 신뢰와 기대를 보여주는지에 달려 있다. 상대가 나를 좋아한다는 믿음을 이미 갖고 있으면 상대의 애정을 얻을 수 있다.

하지만 객관적인 증거를 얻을 때까지, 혹은 상대가 무언가 적절한 행위를 통해 내게 절대주의자들이 말하는 그 동의를 요구할 때까지 거리를 두고 꼼짝도 안 하면, 십중팔구 상대의 애정을 얻지 못할 것이다. 여성이 남성을 사랑해야 한다는 남성의 자신만만한 고집 때문에 얼마나 많은 여성의 사랑이 식어버렸는가! 남성은 여성이 그러지 못할 수도 있다는 가정에 동의하지 않을 것이다.

어떤 특정한 진리에 대한 갈망은 그 특정한 진리를 존재하게 만든다. 다른 수많은 경우에서도 이것은 마찬가지이다. 어떤 사람이 승진을 하고 혜택을 얻고 중요한 직위에 오르는가? 바로 이런 것들을 삶에서 살아있는 가정의 일부로 받아들이고 있는 사람, 이 가정들에 얽매이지 않으면서도 이를 위해 다른 것들을 희생하고 미리 위험을 감수하는 사람이다. 그의 믿음은 하나의 요구와 같으며, 자신보다 위에 있는 어떤 힘에 영향을 받는다. 이렇게 믿음은 자신의 증거를 창조해낸다.

크든 작든 모든 종류의 사회 유기체는 개개의 구성원들이 다른 이들도 그렇게 하리라 믿고 자신의 의무를 수행하기 때문에 현재와 같은 모습으로 존속한다. 많은 독립적인 구성원들이 협력을 통해 바라던 결과를 성취한다면, 이것은 관련 당사자들의 믿음이 낳은 순수한 결과이다. 정부나 군대, 통상체제, 선박, 대학,

스포츠팀 모두 이런 조건에서 존재한다. 이런 조건이 없으면, 어떤 것도 성취할 수 없으며 어떤 것도 시도할 수 없다.

수많은 승객이 탑승한 기차를 소수의 강도가 탈취할 수 있는 데는 다 이유가 있다. 강도들은 서로를 의지하는 반면, (승객들 개개인이 충분히 용감해도) 승객들은 자신이 반항하면 다른 사람이 도와주기도 전에 총을 맞을지도 모른다고 두려워하기 때문이다. 모든 승객이 일제히 들고 일어나리라고 믿는다면, 승객들은 각자 일어나 싸울 것이다. 그러면 강도들은 기차를 탈취하려는 시도조차 하지 않을 것이다.

이처럼 무언가 사실이 되리라는 예비적 믿음이 없으면, 그 사실이 아예 실현되지 않는 경우들이 있다. 어떤 사실에 대한 믿음이 그 사실의 창조를 돕는 것이다. 따라서 과학적 증거를 얻기도 전에 믿는 것이야말로 사유하는 존재가 떨어질 수 있는 '가장 저급한 부도덕'이라는 말은 논리적으로 터무니없다. 그런데도 우리의 과학적 절대주의자들은 그런 논리로 우리의 삶을 통제하는 척하고 있다!

믿음이 증거를 창조해낸다

우리의 개인적 행위에 의존하는 진리의 문제에서, 욕망에 기초한 믿음은 분명히 정당하고 꼭 필요한 것이다. 하지만 이런 것들은 전부 인간적인 유치한 경우들이고, 종교적 믿음 같은 커다란 우주적 문제와는 아무 관련이 없다고 할 수 있다. 이제 이 커다란 문제로 옮겨가보자.

종교는 다양한 속성을 갖고 있으므로 종교적 문제를 논할 때는 일반적이고 넓은 범위에서 다루어야 한다. 그런데 종교적 가정이란 무엇을 의미하는 걸까? 과학은 삼라만상이 존재한다고 말하고, 도덕은 어떤 것들이 다른 것들보다 더 낫다고 말하고, 종교는 본질적으로 둘 모두를 말한다.

종교의 첫번째 주장은 더 영원한 것, 더 공통적인 것, 마지막 돌을 던질 수 있는 것, 말하자면 결정적인 말을 할 수 있는 것이 우주에서 최고라는 것이다. "완전한 것은 영원하다(Perfection is eternal)."라는 샤를 시크레탕[19]의 말이 이것을 잘 표현한 것 같다. 그러나 과학으로는 확실히 종교의 이런 주장을 결코 증명할 수 없다.

종교의 두번째 주장은, 우리가 첫번째 주장을 진실이라고 믿으면 지금 당장이라도 더 나아질 수 있다는 것이다.

이제 종교의 두 가정이 모두 사실인 경우, 이런 상황의 논리적 요소들이 무엇인지를 살펴보자. 물론 우리는 처음부터 그 가능성을 인정해야 한다. 이 문제를 논하려면 살아있는 선택이 필요하기 때문이다. 어떤 살아있는 가능성에 의해서도 종교는 참일 수 없는 가정이라고 생각하는 이들도 있을 것이다. 그런 이들은 더 이상 논의를 계속할 필요가 없다. 나는 '나머지' 사람들과만 이야기할 것이다.

다시 이야기를 계속하면, 첫째로 종교는 우리에게 중요한 선택이다. 지금도 우리는 믿음 덕분에 어떤 중요한 선을 얻을 수도 있고, 불신으로 이것을 잃을 수도 있다. 둘째로 이 선에 관한 한 종교는 강제적 선택이다. 우리는 회의적인 태도를 유지하거나 더 많은 빛을 기다리는 식으로 이 문제를 피해갈 수 없다. 종교가 진실이 아니면 이런 식으로 오류를 피할 수 있지만, 종교가 진실이면 종교를 믿지 않기로 분명하게 선택할 때와 마찬가지로 선을 잃을 것이기 때문이다.

이것은 마치 남자가 결혼 후에도 여자가 변함없이 천사 같은 존재일지 확신하지 못해서 결혼 신청을 망설이는 것과 같다. 이런 망설임은 그 천사 같은 여자와 살 수 있는 가능성을, 아예 다른 여자와 결혼하는 것처럼 단호하게 스스로 차단시켜버리는 것이 아닐까? 그렇다면 회의주의는 선택에 대한 회피가 아니다. 그것은 특정한 종류의 위험을 선택하는 것이다. '오류에 빠질 가능성보다는 진리를 잃을 위험성을 떠안는 편이 낫다.'라는 것이 믿음을 거부하는 사람들의 정확한 입장이다.

회의주의자도 믿음을 가진 사람만큼 적극적으로 내기를 한다. 요컨대 회의주의자는 종교적 가정들에 맞서 싸우고, 믿음을 가진 사람은 종교적 가정들을 위해 싸운다. 그러므로 '충분한 증거'를 발견할 때까지 회의주의를 고수하는 것이 의무라고 설교하는 것은, 종교적 가정 앞에서 그것이 오류일지도 모른다는 두려움에 굴복하는 편이 진실일 수도 있다는 희망을 받아들이는 것보다 더 지혜롭고 낫다고 말하는 것과 같다. 그렇다면 이것은 지성이 모든 정념에 저항하는 것이라고 볼 수 없다. 그저 하나의 정념을 가진 지성이 자신의 법칙을 주장하는 것일 뿐이다.

그러면 이 정념에 대한 최고의 지혜는 과연 무엇이 보증해줄까? 기만은 기만일 뿐이다. 희망을 통한 기만이 두려움을 통한 기만보다 더 나쁘다는 증거가 어디 있는가? 나는 어떤 증거도 찾을 수 없다. 나는 다만 내가 내기에 건 것이 아주 중요해서 나름대로 위험을 선택할 권리가 있을 경우에, 그들과 같은 선택을 모방하라는 과학자들의 명령에 복종하기를 거부할 뿐이다.

종교가 진실이라고 생각하는데 그 증거가 여전히 불충분해도, 나는 내 본성에 회의주의의 소화기를 들이대서(내게는 이 문제와 어느 정도 관련이 있는 것처럼 느껴진다.) 승자의 편에 설 수 있는 일생일대의 기회를 잃고 싶지 않다. 물론 이 기회는 나의 의지에 달려 있다. 세계를 종교적으로 받아들이고 싶어 하는 나의 열정적인 요구가 예언자적이고 옳은 것처럼 행동할 때 생길 위험을 기꺼이 감수하겠다는 의지 말이다.

이 모든 것은 내 요구가 정말 예언자적이고 옳으며, 이 문제를 논하는 우리에게도 종교가 진실하고 살아있는 가정이라는 추정에 기반하고 있다. 그래서 우리 대부분에게 종교는 훨씬 깊은 방식으로 다가온다. 이 방식은 우리의 적극적 믿음에 대한 거부를 훨씬 비논리적인 것으로 만들어버린다.

우주의 더 완전하고 영원한 모습이 우리의 종교에서는 인격적 형태로 표현된다. 우리가 종교적인 사람일 경우, 우주는 더 이상 단순한 '그것(It)'이 아니라 '그대(Thou)'이다. 그래서 개인 대 개인 사이에서 가능한 모든 관계가 우주와의 사이에서도 가능해진다.

예를 들어, 어떤 의미에서 우리는 우주에서 수동적인 부분에 불과하다. 하지만 다른 면에서 보면, 우리는 흥미로운 자율성을 보여준다. 마치 자기 책임 하에 움직이는 작지만 적극적인 중심체 같다. 또 우리에 대한 종교의 호소가 우리 자신의 적극적인 선의를 향한 것처럼 느껴진다. 우리가 종교적 가정과 타협하지 않으면, 증거가 우리에게 영원히 모습을 드러내지 않을 것 같다.

사소한 예를 들어보겠다. 어떤 사람이 많은 사람들과 함께 있으면서 말도 안 붙이고, 양보를 해야 할 때마다 정당한 이유를 요구하고, 증거가 없이는 누구의 말도 믿지 않는다고 하자. 그는 이런 까칠함 때문에 더 많은 신뢰가 가져다주는 사회적 보상을 전혀 얻지 못할 것이다. 마찬가지로, 쓸데없는 논리에 자신을 가두고 아무렇게나 신을 판단하거나 아예 인정하지 않는 사람은 신을 알 수 있는 유일한 기회를 영원히 얻지 못할 것이다.

신은 존재한다고 고집스럽게 믿는 것(이렇게 안 하는 편이 우리의 논리와 삶 모두에 더 편하겠지만)이 우주에 최대한 깊이 기여하는 길이라는 느낌이 든다. 어디서 생겨난 것인지는 모르지만, 이런 느낌도 종교적 가정의 살아있는 본질 같다. 이 가정을 포함한 종교적 가정들이 모든 면에서 진실이라면, 우리의 자발적인 구애를 부정하는 주지주의(intellectualism)[20]는 불합리할 수 있다. 논리적으로 우리의 공감 본성이 어느 정도 개입되어야 하는 것이다.

그러므로 나는 진리 추구의 불가지론적 원칙들을 받아들일 수 없다. 또 나의 자발적인 본성을 일부러 배제하는 것에도 동의할 수 없다. 내가 그렇게 할 수 없는 이유는 분명하다. 어떤 종류의 진리가 정말로 있을 경우, 이것을 기필코 인정하지 못하게 막는 사고 규칙은 비합리적인 것이기 때문이다. 실제로 있는 진리가 어떤 종류의 것이건, 내게는 이것이야말로 상황에 관한 형식 논리의 전부처럼 여겨진다.

믿음의 논리적 조건

이런 형식논리를 피하는 방법을 나는 모른다. 하지만 슬픈 경험들 때문인지 두려워진다. 여러분 중에는 추상적 견지에서 우리의 의지를 유혹할 만큼 충분히 살아있는 가정이 있다면 위험을 무릅쓰고라도 믿을 권리가 있다고 단호하게 말하기를 여전히 꺼리는 사람이 있을 것이다. 그렇다면 그것은 아마 여러분이 추상적인 논리적 관점에서 완전히 벗어나서 이미 죽어버린 종교적 가정을 생각하고 있기 때문일 것이다. 스스로 그렇다는 걸 인식하지도 못한 채 말이다.

여러분은 '믿고 싶은 것을 믿을' 자유를 어떤 기이한 미신에 적용하고 있다. 어린아이는 '진실이 아니라는 것을 알면서도 믿는 것이다.'라고 믿음을 정의할 수 있다. 여러분이 생각하는 믿음은 이런 믿음과 같다. 하지만 다시 말하는데, 이것은 오해이다. 구체적으로 말해서, 믿음의 자유가 보호해주는 것은 개인의 지성이 홀로 결정할 수 없는 살아있는 선택뿐이다. 그리고 살아있는 선택은 이 선택을 고려하는 사람에게 결코 불합리해 보이지 않는다.

인간이 실제로 접하는 종교적 문제들을 살펴볼 때, 실제적으로나 이론적으로 이것들과 관련된 모든 가능성들을 생각해볼 때, 최후의 심판일까지 혹은 우리의 지성과 감각이 힘을 합해서 충분한 증거를 긁어모을 때까지 가슴과 본능, 용기를 모두 접어 둔 채 기다리면서 종교가 진실이 아닌 것처럼 행동하라는[21] 주장 은 철학의 동굴에서 만들어진 것 중에 가장 이상한 우상처럼 보 인다.

우리가 학구적인 절대주의자라면 변명거리가 더 있을 수도 있다. 우리에게 틀림없는 지성과 객관적 확실성이 있다면, 종교 를 배타적으로 믿지 않거나 종교가 내놓는 말들을 기다리지 않을 때 그런 완벽한 인식 기관에 자신이 불충실하다고 느낄 수도 있 다. 하지만 우리가 경험주의자라면, 진리가 우리 손 안에 들어올 때를 확실하게 알려주는 종소리 같은 것이 우리 안에 없다고 믿 는다면, 종이 울릴 때까지 의무적으로 기다려야 한다는 엄숙한 설교가 어리석은 망상처럼 여겨진다.

물론 우리는 원하면 기다릴 수도 있다. 내가 이 점을 부정한 다고 생각하지는 말기 바란다. 하지만 기다린다면, 우리는 믿을 때만큼이나 위험을 각오하고 있는 것이다. 둘 중 어떤 경우든 목 숨을 내걸고 행동을 하는 것이다. 누구도 상대편의 생각을 부인 하거나 폭력적인 말로 다투지 말아야 한다. 섬세하고 진지하게 상대편의 정신적 자유를 존중해주어야 한다. 그래야만 지성적인 국가를 만들 수 있고, 경험주의의 미덕인 내적 관용의 정신도 가질 수 있다. 내적 관용이 없으면 모든 외적인 관용은 공허해진다. 이렇게 우리는 실질적인 것은 물론이고 사색적인 것에서도 공생할 수 있다.

이 글의 첫머리에서 피츠제임스 스티븐을 언급했다. 그의 말을 인용하면서 끝맺으려 한다.

여러분은 자신을 어떻게 생각하는가? 세계에 대해 어떻게 생각하는가? ……이런 질문들은 모두에게 좋은 질문이므로 다들 생각해 보아야 한다. 스핑크스의 수수께끼 같지만, 어떤 식으로든 이런 질문들을 꼭 다루어보아야 한다. ……삶에서 중요한 일을 처리할 때 우리는 언제나 어둠 속으로 뛰어들어야 한다. 수수께끼에 답하지 않고 그대로 두는 것도 하나의 선택이다. 대답을 주저하는 것도 우리의 선택이다. 하지만 어떤 선택을 하건 위험을 각오해야 한다. 어떤 사람이 신과 미래에 완전히 등을 돌리기로 해도, 그를 막을 수 있는 사람은 없다. 합리적 의혹을 넘어, 그의 선택이 틀렸다는 걸 입증해 보여줄 수 있는 사람은 아무도 없다. 누군가 다르게 생각하고 그대로 행동해도, 그가 틀렸다는 것을 입증할 사람은 없다. 각자가 자신이 최선이라고 생각하는 대로 행동하면 된다. 하지만 틀렸다면 그 결과도 감당해야 한다.

우리는 휘몰아치는 눈보라나 안개가 시야를 가리는 산길에 서

있는 것과 같다. 이따금 우리를 현혹하는 길들이 언뜻언뜻 보인다. 가만히 서 있기만 하면 우리는 얼어죽을 것이다. 잘못된 길을 따라가면 산산이 부서져버리고 말 것이다. 올바른 길이 있기는 한 것인지도 확실하지 않다. 어떻게 해야 할까? "힘과 용기를 내어라."[22] 최선을 다하고, 최선의 결과를 바라되, 주어지는 결과를 받아들여라. ……죽음이 모든 것을 끝낸다 해도, 이것이 죽음을 맞이하는 최선의 태도이다.[23]

3. 결정론의 딜레마

■ 하버드대학교 신학대학 학생들에게 한 강연으로 1884년 9월호 《유니테리언
리뷰Unitarian Review》에 실렸다.

자유의지 논쟁에서 주요 쟁점들은 이미 오래전에 다루어졌다. 그러므로 어떤 새로운 논객도 누구나 들어봤을 케케묵은 논점들을 끄집어내는 것 말고는 할 수 있는 게 없으리라는 것이 일반적인 견해이다. 하지만 이것은 근본적으로 잘못된 생각이다. 내가 알기로 덜 진부한 주제 같은 것은 없기 때문이다. 독창적인 천재는 어떤 주제에서나 보다 나은 기회를 통해 새로운 장을 열 수 있다. 결론을 강요하거나 억지로 동의를 이끌어내지 않으면서도, 운명과 자유의지 사이의 문제가 무엇이며 두 개념이 의미하는 것은 무엇인지를 깊이 이해하게 해준다.

　　지난 몇 년 동안 완전히 색다른 시각으로 대안을 제시하는 출판물들이 우리 곁에서 연달아 사라졌다. 토머스 그린[1]과 프랜시스 브래들리[2] 같은 영국의 헤겔 학도들은 말할 것도 없고, 찰스 힌턴과 섀드워스 호지슨[3] 그리고 샤를 르누비에[4]와 알프레드 푸이에[5], 조셉 델뵈프[6]의 글[7]에서도 오랜 논쟁 형태가 완전히 바뀌거나 새로워졌다.

나는 이 거장들 중 누구와도 독창성을 견줄 수 없다. 그저 하나의 작은 논지에만 욕심을 낼 뿐이다. 내가 결정론(determinism)에 필연적으로 함의되어 있는 두 가지 결론을 그들보다 더 분명하게 설명한다면, 여러분은 결정론을 더욱 잘 이해하고 이것에 반대하거나 동의할 수 있게 될 것이다. 혹여 동의나 반대를 하지 않고 그냥 회의주의자로 남겠다고 해도, 자신이 주저하는 문제가 무엇인지는 더욱 분명히 이해할 것이다. 그러므로 나는 의지의 자유(freedom of the will)가 참이라는 것을 증명하기 위해 문턱에 서서 모든 주장을 드러내놓고 부정할 것이다.

내가 바라는 것은 여러분 중 몇몇도 나처럼 의지의 자유가 참이라고 믿고 그렇게 행동하도록 만드는 것이다. 정말 그렇게 된다면, 그것은 사례의 엄격한 논리와 관련 있을 것이다. 그 진실은 무관심한 사람에게 강요돼서는 안 된다. 그것에 등을 돌릴 수 있는 사람도 거리낌없이 지지하는 것이어야 한다. 다시 말해, 우리가 진정 자유롭다면, 자유의 첫번째 행위는 우리가 자유롭다는 것을 모든 내적 타당성 속에서 긍정하는 것이어야 한다. 문제의 자유의지 측면에서 강제적 증명의 모든 희망을 배제해야 하는 것이다. 나는 이런 증명이 없어도 충분히 만족한다.

과학과 철학의 관념은 미지의 신들을 위한 제단과 같다

충분히 이해했을 테니 이제 이야기를 진척시켜보겠다. 그런데 짚고 넘어갈 것이 한 가지 더 있다. 내가 역설하려는 주장들은 모두 두 가지 가정에 기초하고 있다는 점이다. 첫째, 우리가 세계에 관한 이론들을 만들며 이에 대해 서로 논의하는 것은 주관적 만족을 선사하는 신념을 얻기 위해서이다. 둘째, 두 개의 신념 중에서 어느 한 쪽이 더 합리적으로 보인다면 이것을 더 참이라고 볼 수 있다. 나는 여러분이 기꺼이 나와 같은 가정을 하기 바란다. 그렇지 않으면 내가 앞으로 말하는 것에서 어떤 배움도 얻지 못할 것이기 때문이다.

나는 계속해서 그 점을 논증할 것이다. 하지만 나는 진화론이나 법칙의 균일성 같은 물리학과 수학의 모든 놀라운 성취들이 우리의 집요한 욕망에서 비롯되었다고 믿는다. 우리 경험의 조잡한 질서가 만들어낸 형태보다 우리 정신 속에서 만들어진 더욱 합리적인 형태로 세계를 설명하고픈 욕망 말이다. 합리성을 향한 우리의 이런 요구에 세계는 상당한 유연성을 보여주었다. 하지만 세계가 이런 유연성을 얼마나 더 보여줄지는 누구도 말할 수 없다. 우리가 합리성을 발견할 수 있는 수단도 시험해 보는 것뿐이다.

나는 기계론적 혹은 논리적 합리성의 개념과 마찬가지로 도덕적 합리성의 개념도 자유롭게 시험해 볼 수 있다고 본다. 세계의 본질을 표현한 어떤 공식이 나의 도덕적 요구를 거스르면, 나는 전후 관련의 균일성에 대한 요구를 실망시키기라도 한 것처럼 거리낌없이 그것을 던져버리거나 의심할 것이다.

내가 이해하는 한, 하나의 요구는 이처럼 다른 요구만큼이나 주관적이고 정서적이다. 인과의 법칙이 한 예이다. 인과의 법칙도 하나의 요구를 감싸는 공허한 명칭, 가정에 불과한 것이 아닐까? 일련의 연속적인 사건들이 지금은 현상적으로 아무렇게나 일어나는 것처럼 보이지만 언젠가는 하나의 사건이 다른 사건과 연관돼 있음이 드러나리라는 가정에 불과한 것이 아닐까?

이 인과의 법칙도 사도 바울이 아테네에서 발견한 것[8] 같은, 미지의 신을 위한 제단이나 마찬가지이다. 과학과 철학의 모든 관념들은 미지의 신들을 위한 제단과도 같은 것이다. 균일성도 자유의지와 마찬가지로 이런 제단의 하나이다. 이 점을 인정한다면 우리는 대등한 조건에서 토론을 할 수 있다. 하지만 자유와 다양성은 주관적 요구인 반면 필연성과 균일성은 전혀 다른 것이라고 주장한다면, 토론이 이루어질 수 있을지 모르겠다.[9]

무엇이 진정한 자유인가

여러분도 이 주제에 관한 일반적인 논의들을 잘 알고 있을 것이다. 그러므로 인과관계나 통계, 서로의 행위를 예측할 수 있는 확실성, 성격의 불변성 같은 것에서 비롯된 낡은 증거들은 이야기하지 않을 것이다. 대신 이야기를 진척시키기 위해서, 이런 고전적 논의들에 방해가 되는 두 단어를 먼저 정리해야 할 것 같다.

하나는 '자유(freedom)'라는 찬사의 단어이고, 다른 하나는 '우연(chance)'이라는 경멸적 단어이다. 나는 '우연'이라는 말은 지키되 '자유'라는 말은 버리고 싶다. '자유'라는 단어가 찬양조로 연상시키는 것이 이제까지 이 말의 다른 의미들을 가려버려서, 결정론자나 비결정론자 모두 자신들에게만 이 말을 사용할 권리가 있다고 주장하게 되었기 때문이다.

오늘날 결정론자들은 자신들만이 자유의 옹호자라고 주장한다. 구식 결정론을 우리는 강한 결정론(hard determinism)이라고 부를 수 있는데, 강한 결정론은 숙명이나 의지의 속박, 필연성 같은 말을 피하지 않았다. 요즘에는 약한 결정론(soft determinism)도 있는데, 이 결정론은 거친 말들을 혐오하고 숙명과 필연성, 심지어는 예정론도 거부한다. 그리고 결정론의 진정한 이름이 자유라고 주장한다. 자유는 단지 이해된 필연성이고, 지고의 것에 대한 속박은 진정한 자유와 같다고 여기기 때문이다. 호지슨처럼 부드러운 말을 잘 쓰지 않는 작가도 서슴없이 자신을 '자유의지 결정론자'라고 부른다.

이 모든 것은 벗어나야 할 수렁과 같으며, 이 수렁 아래서 진짜 문제들은 완전히 묵살되어왔다. 이 모든 의미의 자유는 어떤 문제도 제기하지 않는다. 그래서 온건한 결정론자들이 자유의 의미를 어떻게 정의하든, 즉 외적 통제 없이 행동하는 것을 자유로 보든, 올바르게 행동하는 것을 자유로 보든, 전체의 법칙에 순응하는 것을 자유로 보든, 누구나 우리가 때로는 자유롭고 때로는 그렇지 못하다고 답할 수 있다.

하지만 문제는 분명히 있다. 단어가 아닌 실제의 문제, 중요성이 가장 큰 문제이다. 그런데 '진정한' 자유가 무엇인지를 밝히는 데 모든 장을 할애하는 작가들도 종종 논의 없이 단 한 문장, 아니 단 한 절로 이 문제를 정리한다. 이것이 결정론의 문제이다. 오늘 우리는 이에 대해 이야기할 것이다.

결정론과 비결정론

다행히 결정론이라는 단어나 그 반대말인 비결정론에는 어떤 모호함도 없다. 둘 다 일이 일어나는 외적인 방식을 가리키며, 그

차갑고 정확한 소리는 우리를 어느 한 쪽으로 치우치게 부추기는 감상적인 연상 작용도 일으키지 않는다. 조금 전에 넌지시 말한 것처럼, 지금 결정론과 비결정론 사이에서 결정을 하게 해주는 외적 증거는 전혀 발견할 수 없다. 둘의 차이를 살펴보고 스스로 확인해 보자. 결정론은 무엇을 주장하고 있는가?

결정론에서는 이미 분명하게 정해진 우주의 부분들이 다른 부분들의 미래를 결정한다고 주장한다. 미래의 자궁 속에 어떤 불분명한 가능성도 숨어 있지 않다는 것이다. 우리가 현재라고 부르는 부분은 오직 하나의 전체와 조화를 이룬다. 오래전에 고정된 미래 말고 보완된 다른 미래는 있을 수 없다. 전체는 개개의 모든 부분 속에 있으며, 나머지 부분들과 결합되어 절대적인 통일체, 하나의 단단한 덩어리를 이룬다. 이 덩어리 안에는 어떤 애매함이나 전환의 그림자도 존재하지 않는다.

지구의 첫 진흙으로 그들은 최후의 인간을 빚어냈고,
마지막 수확물의 씨앗을 뿌렸다.
심판의 마지막 새벽에 읽을 내용이
천지창조의 첫 아침에 쓰였다.

반대로 비결정론에서는 부분들이 얼마간 느슨하게 서로 영향을 미친다고 주장한다. 그래서 부분들 중 하나가 정해진다고 해서 필연적으로 다른 부분들까지 결정되지는 않는다. 비결정론은 가능성들이 실제 이상으로 존재할 수 있고, 우리가 인식하지 못하는 것들은 실제로 모호한 것일 수 있음을 인정한다. 그러므로 우리가 상상하는 두 가지 선택 가능한 미래가 모두 실제로 일어날 수 있다. 실제가 됨으로써 한 쪽 미래가 다른 쪽을 배제하는 순간에만 다른 쪽은 불가능해진다.

따라서 비결정론은 세계가 하나의 확고부동한 실제라는 것을 부정한다. 비결정론은 세계 속에 어떤 궁극적 다원성이 존재한다고 주장한다. 이로써 비결정론은 사물과 상황에 대한 우리의 평범하고 단순한 관점을 확인시켜준다. 이런 견해에 따르면, 실제는 보다 넓은 가능성들의 바다에 떠 있다가 선택되는 것으로 보인다. 이런 가능성들은 어딘가에 존재하면서 진리의 한 부분을 형성한다.

반면에 결정론에서는 가능성들이 어디에도 존재하지 않는다고 주장한다. 한 쪽의 필연성과 다른 한 쪽의 불가능성이 실제의 유일한 범주라는 것이다. 결정론자들이 보기에 실현되지 않는 가능성들은 순전히 환상일 뿐이다. 이런 환상은 결코 가능성이 아니다. 우리가 사는 우주에 미완의 것은 없다. 우주 속에서 과거와 현재, 미래에 존재했거나 존재하고 존재할 것은 실제로 거기에 오래전부터 있었던 것이다. 우리의 마음이 이 실제를 호위하는 데 이용하는 모호한 대안들은 순전히 기만이다. 이 모호한 기만에 정확히 들어맞는 이름은 '불가능성'뿐이다.

무엇이 우리를 결정론자나 비결정론자로 만드는가

이것은 어떤 찬사의 용어로도 덮거나 지워버릴 수 없는 아주 예민한 문제이다. 진리는 분명히 어느 한 쪽에 있을 것이고, 진리가 어느 한 쪽에 있다면 다른 쪽은 거짓일 것이다.

이 문제와 관련 있는 것은 가능성들의 실존뿐이다. 엄밀한 의미에서 가능성은 존재할 수도 있지만 꼭 존재할 필요는 없는 것이다. 예를 들어, 양쪽 모두 의지의 작용이 일어난다는 것을 인정한다. 그런데 비결정론자들은 그 자리에서 또 다른 의지의 작용이 일어날 수 있다고 말하는 반면, 결정론자들은 다른 것은 전혀 일어날 수 없다고 주장한다.

과학을 소환하면 이 단도직입적인 반박들 중에서 어느 쪽이 맞는지 알 수 있을까? 과학은 사실에 근거한 것이나 실제로 일어난 것이 아니면 어떤 결론도 이끌어낼 수 없다고 공언한다. 하지만 무언가 실제로 일어났다는 확신이 그 자리에서 다른 어떤 것이 일어났는지 아닌지에 대해 조금이라도 정보를 제공해줄 수 있는가?

사실은 사실에 의해서만 입증된다. 가능성에 불과한 것이나 사실이 아닌 것은 사실과 아무런 관련이 없다. 사실이 있다는 증거 이외에 다른 증거가 없다면, 가능성의 문제는 결코 풀 수 없는 수수께끼로 남아 있어야 한다.

사실들은 우리를 결정론자나 비결정론자로 만드는 것과 실질적으로 아무런 관련이 없다. 물론 우리는 사실들을 이렇게 저렇게 많이 인용한다. 그리고 결정론자들은 서로의 행위를 예측할 수 있는 절대적 확실성에 대해 이야기한다. 반면에 비결정론자들은 전쟁이나 정치, 인간사의 크고 작은 음모나 일에서 서로의 행위를 예측하는 것이 불가능하기 때문에 삶이 불안하고 위험한 게임 같다는 사실을 크게 강조한다. 그러나 양측의 이 객관적 증언이라는 것은 누가 봐도 형편없이 불충분하다.

이 견해의 차이를 메우는 것은 객관적이거나 외적인 것이 아니다. 우리를 가능성 옹호자와 부정자로 나누는 것은 서로 다른 믿음과 합리성의 기초 조건이다. 어떤 사람에게는 가능성을 포함한 세계가 더 합리적으로 보이고, 어떤 사람에게는 가능성이 배제된 세계가 더 합리적으로 여겨진다. 말로는 증거에 따라야 한다고 하지만, 사실은 바탕의 이런 정서가 언제나 우리를 일원론자나 다원론자, 결정론자나 비결정론자로 만든다.

우연에 대한 반감

결정론적 정서의 중심에는 우연이라는 개념에 대한 반감이 있다. 친구들에게 비결정론을 이야기하면 대다수가 즉시 고개를 젓는다. 그들은 대체할 수 있는 가능성의 개념, 즉 여러 가지 중에 어느 하나가 현실화된다는 개념은 결국 우연의 우회적인 이름에 불과하다고 말한다. 그리고 건전한 정신을 가진 사람이라면 세상에서 우연이라는 개념을 단 한순간도 용인할 수 없을 것이라며 이렇게 묻는다. 우연은 뻔뻔스럽고 정신 나간 비이성이자 지성과 법칙에 대한 부정이 아닌가? 어딘가에 우연이 조금이라도 존재한다면, 전체 구조의 붕괴를 어떻게 막을 수 있는가? 천체가 이탈하고 마구잡이로 혼돈 상태가 되는 것을 어떻게 막을 수 있는가?

우연에 대한 이런 입장은 토론을 아주 빨리 끝장내버릴 것이다. 이미 말한 것처럼 나는 '우연'이라는 말을 지키고 쓰고 싶다. 그러므로 이제 이 말의 정확한 의미를 살펴보고, 이 말이 정말 그렇게 끔찍한 골칫거리인지 알아보겠다. 엉겅퀴도 용감하게 쥐어짜면 그 가시를 제거할 수 있을 것이다.

'우연'이라는 말의 가시는, '우연'이 긍정적인 것을 의미하며 우연히 일어나는 것은 본질적으로 비합리적이고 터무니없는 것이라는 가정에 있는 것 같다. 그런데 우연은 결코 이런 것을 의미하지 않는다. 우연은 순전히 부정적이고 상대적인 용어[10]로, 그것이 다른 것과 연결되어 있지 않다는 점을 말해줄 뿐 우연이라고 단정된 것에 대해서는 어떤 정보도 제공해주지 않기 때문이다. 우연이 실제로 일어나기 전에 다른 것들이 우연을 통제하거나 보증하거나 필요로 하지도 않는다. 바로 이 점이 전체 강의에서 가장 미묘한 것이고, 다른 나머지도 모두 이 점과 관련이 있다. 그러니 특히 주의를 기울이기 바란다.

어떤 일을 '우연'이라고 부를 때, 이 '우연'이라는 말은 그 일의 본질에 대해 아무것도 말해주지 않는다. 그 일은 나쁜 것일 수도 있고 좋은 것일 수도 있다. 일단 우연이 닥치면, 상상할 수 없을 만큼 완벽하게 다른 것들의 전체 시스템과 어우러져서, 우연이 아주 적절하고 투명하며 분명한 것처럼 여겨질 수도 있다.

그러나 무언가를 '우연'이라고 부를 때 이 말이 의미하는 것은 그것이 보증된 것이 아니며 다르게 어긋날 수도 있다는 점뿐이다. 다른 것들의 체계는 그 우연적인 것에 실질적으로 어떤 영향력도 행사할 수 없기 때문이다. 우연의 기원은 확실히 부정적이다. 우연은 달아날 땐 '간섭 마!'라고 말하고, 올 때는 공짜 선물처럼 오거나 아예 오지 않는다.

우연적인 것은 이처럼 부정성과 불투명성을 갖고 있다. 외부의 시각, 즉 이전의 것들이나 멀리 있는 것들의 시각에서 보면 그렇다. 하지만 우연이 일어나는 장소와 순간, 내부에서는 얼마간 긍정성과 명료함을 가질 수 있다. 이런 우연의 성격이 우연에 대해 말해주는 것은, 우연에도 정말 독자적인 어떤 것, 전체의 무조건적인 특질과는 다른 어떤 것이 있다는 점뿐이다. 전체가 이런 특질을 원한다면, 이 특질이 우연의 문제일지라도, 전체는 이 특질을 얻을 수 있을 때까지 기다려야 한다. 우주는 사실 공유자들이 제한된 책임과 권한을 모두 갖고 있는 합자회사 같은 것일 수도 있다. 이것은 물론 단순하지만 생각해볼 수 있는 개념이다.

그런데도 많은 사람들은 한 부분이 다른 부분과 조금이라도 분리되거나, 약간의 독립성이 있거나, 불투명한 미래가 조금이라도 불안을 낳으면 모든 것이 망가질 것처럼 말한다. 이 멋진 우주가 이상한 모래더미나 아무 쓸모도 없는 것으로, 혹은 전혀 우주라고 할 수 없는 것으로 변할 것처럼 떠들어댄다. 그런데 모호한 것은 사실 미래 인간의 의지뿐이며, 우리는 이 모호한 것을 믿고 싶어 한다. 그러니 잠시 멈춰서, 그 의지의 독자적이고 우연적인 성격이 정말 우주에 그처럼 해로운 결과를 낳을지 분명하게 살펴보자.

내가 강연을 마치고 집에 갈 때 현재로서는 불확실하므로 어느 길로 갈지 우연에 맡기겠다고 말했다 하자. 이 말의 의미는 무엇일까? 디비니티 가(街)와 옥스퍼드 가(街)가 언급되는데 그중 하나만 선택되리라는 것을 의미한다. 이제 여러분에게 진지하게 요청한다. 내 선택의 모호성을 실제 상황으로 간주하고, 두 번의 선택에서 모두 다른 길을 선택하리라는 있을 법하지 않은 가정을 세워본다.

다시 말해, 내가 처음에는 디비니티 가를 걷는다고 상상한다. 그런 다음 우주를 다스리는 힘이 내가 걸었던 10분의 시간을 지우고 선택하기 전에 서 있었던 이 강당 문 앞으로 나를 데려다 놓는다고 상상해 본다. 다시 다른 모든 것이 동일한 상태에 있어도, 이번에는 다른 선택을 해서 옥스퍼드 가를 걷는다.

여러분은 수동적인 구경꾼으로서 두 개의 선택 가능한 우주를 본다. 하나의 우주에서는 내가 디비니티 가를 걷고, 동일한 사람인데도 다른 우주에서는 옥스퍼드 가를 걷는다. 여러분이 결정론자라면, 이 우주 중 하나는 처음부터 불가능한 것이었다고 믿는다. 본질적인 불합리성이나 우연성이 어딘가에 개입되어 있다고 보기 때문이다.

그런데 이 두 우주를 외적으로 볼 때, 여러분은 어느 쪽이 있을 법하지 않은 우연적인 우주이고 어느 쪽이 합리적이고 필연적인 우주인지 말할 수 있는가? 여러분 가운데 가장 철저한 결정론자도 이 문제를 전혀 밝힐 수 없을 것이다. 우리가 관찰하고 이해하는 방법으로는, 일이 벌어지고 난 후의 두 우주가 모두 합리적으로 보인다는 말이다. 한 쪽은 필연적이고 다른 쪽은 우연적인 세계라고 판단할 기준이 우리에게는 전혀 없기 때문이다.

이제 신들을 가상의 책무에서 해방시키고, 일단 내가 선택하면 그 선택이 영원하리라고 가정해 본다. 나는 영원히 디비니티 가를 걷는다. 여러분이 훌륭한 결정론자라면, 다른 많은 결정론자들이 분명하게 주장하는 것처럼 이치상 내가 옥스퍼드 가를 걸을 수 없었다고 단언할 수도 있다. 내가 옥스퍼드 가를 걸었다면 그것은 우연이나 비합리성, 정신이상, 본질적인 끔찍한 차이 때문이었을 것이다. 나는 여러분이 바로 이 점에 주목했으면 좋겠다. 여러분의 이런 단언은 독일인들이 절대명령(Machtspruch)이라고 부르는 것일 뿐이다. 절대명령은 독단적 견해라고 비난받는 개념이며 그 바탕에는 세부사항에 대한 어떤 통찰도 없다.

내가 선택을 하기 전에는 나와 여러분에게 두 거리 모두 자연스러워보였다. 하지만 내가 옥스퍼드 가를 선택했다면, 디비니티 가는 여러분의 철학 속에서 완전히 다르게 보였을 것이다. 그래서 여러분은 가장 훌륭한 결정론자의 양심을 걸고 세상에 그것을 공표했을 것이다.

그러나 이것은 우연에 대한 의미 없는 항변에 지나지 않는다. 우연이 일어나도, 우리는 어떤 특성으로도 우연과 합리적 필연성을 구분할 수 없다! 내가 든 예는 아주 사소한 것이다. 하지만 어떤 예를 들어도 결과는 마찬가지이다.

사실 인간의 의지를 대체할 만한 것이 뭐가 있는가? 지금 우연의 문제처럼 보이는 미래란 대체 무엇이란 말인가? 그런 미래도 우리가 예로 든 디비니티 가나 옥스퍼드 가 같은 것이 아닌가? 이미 여기에 있는 것, 자연의 현존하는 틀에 기반한 그런 것이 아닌가? 세계의 다른 것들과 전혀 상관없는 절대적 우연을 만들고 싶어 한 사람이 있나? 우리를 재촉하는 동기들이나 우리의 선택에 맡겨진 미래 모두 똑같이 과거라는 땅에서 솟아난 것 아닌가? 우연을 통해 실현되든 필연을 통해 실현되든, 실현의 순간 우리에게는 그것들 모두 과거에 들어맞는 것처럼 보이지 않는가? 가장 완전하고 가장 지속적인 방식으로, 이미 거기 있는 현상들과 맞물리는 것처럼 보이지 않는가?[11]

이 문제를 생각할수록, 우연에 대한 이런 항변 같은 공허하고 쓸데없는 소란이 인간의 가슴 속에서 그토록 커다란 반향을 불러일으켰다는 점에 더욱 놀라게 된다. 이런 소란은 우연이 무엇이고 우연의 작동 방식(modus operandi)은 어떤지에 대해서 아무것도 가르쳐주지 않는다. 이런 항변을 공격용 구호처럼 사용하는 것은 지적 절대주의의 특성이나 세계는 하나의 통제를 받는 단단한 덩어리 같아야 한다는 요구를 드러낼 뿐이다. 그러나 세계는 이런 특성이나 요구를 결코 만족시켜주지 않을 것이다.

우연과 선물

외적으로 증명 가능하고 실질적인 모든 면에서, 나는 지금 실제로 여러분의 선택을 혼란스럽게 만드는 대안들이 순수한 우연에 의해 결정된 세계와 내가 지금 사는 세계를 결코 구분할 수 없다. 그러므로 여러분의 선택에 관한 한, 나는 그것을 우연의 세계라고 부를 것이다. 여러분도 마찬가지일 것이다. 여러분의 선택 행위들이 내게는 맹목적이고 불분명하며 외적인 것으로 보이지만, 여러분에게는 전혀 그렇지 않을 것이다. 여러분은 그것들 안에 있으며 그것들에 영향을 미치기 때문이다. 여러분에게는 그 선택 행위들이 결정으로 나타난다.

결정하는 당사자에게 결정은 아주 특별한 심리적 실제이다. 결정이 내려지는 생생한 순간에는 결정이 스스로 빛을 발하고 스스로를 정당화한다. 하지만 외부의 순간들에는 어떤 호소력도 갖지 못한다. 외부 순간의 인정을 받거나 자연의 나머지 부분과 연속성을 갖지도 못한다. 오히려 자연을 연속성 있는 것으로 만드는 것이 결정인 것 같다. 결정은 어떤 가능성에는 동의하고 다른 가능성에는 동의하지 않음으로써 모호하고 이중적인 미래를 변경할 수 없는 분명한 과거로 만드는 기이하고도 강력한 기능을 통해 자연을 연속적인 것으로 만든다.

물론 오늘밤 우리의 관심사는 이런 결정의 심리학이 아니다. 결정론과 우연 논쟁은 다행히 이런저런 심리적 세부 사항과 관련이 없다. 그것은 전적으로 형이상학적인 논쟁이다. 결정론은 미래 의지의 모호성을 부인한다. 미래의 어떤 것도 모호하지 않다고 확신하기 때문이다.

하지만 우리는 이 문제를 충분히 이야기했다. 불확실한 미래 의지는 정말 우연을 의미한다. 필요하다면 지붕에 올라가 두려움 없이 이 점을 외칠 수 있어야 한다. 근본적으로 우연이라는 관념이 선물이라는 관념과 정확히 똑같다는 것을 이제는 알기 때문이다. 우연과 선물은 우리에게 요구할 권리가 없는 것들을 하나는 경멸적으로, 다른 하나는 찬사조로 지칭하는 말일 뿐이다. 세계에 우연이나 선물이 있을 때 세계가 더 나아질지 아니면 더 나빠질지는 이 요구할 수 없는 불확실한 것이 무엇인지에 전적으로 달려 있다.

드디어 우리의 주제에 가까이 다가서게 되었다. 우리는 결정론이 무엇인지를 이해했다. 비결정론이 우연을 의미하는 것으로 제대로 설명되고 있다는 점도 살펴보았다. 또 형이상학적 전염병처럼 피하라고 요구받는 이 우연이라는 말이 하나의 부정적인 사실을 의미한다는 것도 알게 되었다. 그 부정적인 사실은 세계의 어떤 부분도 전체의 운명을 전적으로 통제할 수는 없다는 것이다.

'우연'이라는 말을 논하는 동안 내가 때때로 우연의 실재를 옹호하는 것처럼 여겨졌을지도 모르겠다. 하지만 내게는 그럴 의도가 없었다. 우리는 이 세계가 우연의 세계인지 아닌지 아직 규명해내지 못했다. 기껏해야 우연의 세계처럼 보인다는 점에 동의할 뿐이다. 내가 처음에 한 말을 되풀이하자면, 어떤 엄밀한 이론적 관점에서 봐도 이 문제는 아직 풀 수 없다. 그러므로 내가 바랄 수 있는 최선은 우연이 있는 세계와 결정론적인 세계의 차이를 이론적으로 깊이 이해하게 돕는 것이다. 이제 장황하게 장애물을 제거했으므로 이 일을 시작해 보겠다.

결정론과 비관주의의 관계

먼저 이 세계가 결정론적인 세계라는 개념의 함의를 알려주겠다. 여러분의 관심을 불러일으킬 이 의미들은 전적으로 다음의 사실과 관련이 있다. 즉 이 결정론적인 세계에서는 유감의 판단—여

러분이 괜찮다면 나는 이렇게 부르겠다―을 끊임없이 해야 한다
는 것이다. 우리는 무언가 다르게 되기를 바라지 않고는 단 한 시
간도 보내지 못한다. 오마르 하이얌[12]의 소망에 공감해본 적이
없는 사람은 정말 행복한 사람이다.

운명의 서(書)가 닫히기 전에 그 저자의 손을 움켜쥐고
더 온당한 나뭇잎 위에
우리 이름을 적거나 지울 수 있기를.

오! 사랑이여, 그대와 나는 운명과 더불어
이 애석한 계획을 완전히 바꿀 수 있을까?
그것을 산산이 부수어
우리의 욕망에 더 가깝게 다시 만들 수 없을까?

이런 유감의 대부분은 분명히 어리석은 것이다. 또 철학적
가치의 관점에서 보면, 우리의 어린 시절 친구였던 그《무신론자
와 도토리The Atheist and Acorn》[13]의 주인공이 우주에 대해 비판
하는 수준과 아주 똑같다.

멍청하기는! 저 나뭇가지에 호박이 달렸다면

너의 기발한 언행도 더 이상 효과를 발하지 못할 텐데.

우리가 지닌 목적의 관점에서 보면 우리는 아마 우주를 개조하지 못할 것이다. 그런데 목적의 관점에서 우리가 보지 못하는 것이 얼마나 더 많겠는가? 지혜로운 사람은 되도록 후회를 적게 한다. 하지만 어떤 후회는 여전히 아주 완강해서 억누르기가 힘들다. 타인이나 우리가 저지른 악의적이고 잔인한 행위나 배신 등에 대한 후회가 그런 예이다. 얼마 전 매사추세츠의 브록턴에서 일어난 살인사건 범인의 자백을 읽고도 전적으로 낙관적인 생각을 유지할 수 있는 사람은 없을 것이다.

살인범은 아내가 계속 살아있는 것이 지겨워서 그녀를 황량한 곳으로 꾀어냈다. 그러고는 아내에게 네 발의 총을 쐈다. 땅바닥에 쓰러진 아내는 이렇게 물었다. "당신, 고의로 그런 거 아니지?" 살인범은 돌을 집어들어 아내의 머리통을 부수면서 대답했다. "물론, 고의가 아니지." 자기만족을 위해 저지른 범죄에도 형을 가볍게 내린 이런 사건은 연달아 안타까운 마음을 불러일으킨다. 이 점은 굳이 상세하게 설명할 필요가 없다. 우주의 나머지 부분과 완벽하게 맞아 떨어져도, 우리는 이런 살인이 도덕적으로 옳지 않으며 무언가 다르게 전개되었으면 더 나았을 것이라고 느낀다.

그러나 결정론적인 철학에서 보면, 그 살인과 선고, 범죄자의 낙천성 모두 필연적인 것이다. 그 자리에 우연이라는 유령은 단 한순간도 들어설 수 없다. 결정론자들의 말에 따르면, 그런 우연을 인정하는 것은 곧 이성의 자살을 의미하기 때문이다. 그러므로 마음을 단단히 먹고 우리의 사고를 다루어야 한다. 바로 여기서부터 이야기는 점점 복잡해진다. 결정론과 일원론이 가장 까다롭게 얽혀 있는 관계를 엿볼 수 있기 때문이다. 여러분에게 이 관계를 느끼게 하는 것이 내 목적이기도 하다.

우주의 나머지가 이 브록턴 살인사건을 요구한 것이라면, 예정된 시간에 그 살인사건이 일어나야 하는 것이었다면, 그 외의 어떤 사건도 전체의 뜻에 맞지 않았다면, 우리는 우주를 어떻게 생각해야 할까? 고집스럽게 유감의 판단을 고수하고, 그럴 수 없었어도 브록턴 살인사건과 다른 무언가가 일어났다면 우주가 더 나아졌을 거라고 말해야 할까? 물론 이것이야말로 우리가 자연스럽게 자발적으로 할 수 있는 일인 것 같다. 하지만 이것은 의도적으로 모종의 비관주의를 옹호하는 것이나 마찬가지이다.

유감의 판단은 살인을 나쁜 일로 규정한다. 그리고 무언가가 나쁘다는 말은, 그 말에 어떤 의미가 있다면, 그런 일은 일어나서는 안 되고 대신에 다른 어떤 일이 일어나야 한다는 의미이다. 그런데 결정론에서는 다른 일이 대신 일어날 수 있다는 것을 부정한다. 이로써 사실상 결정론은 마땅히 일어나야 할 것이 일어날 수 없는 곳이 우주라고 규정하게 된다. 다시 말하면, 우주를 하나의 유기체로 여기고, 이 유기체의 구조는 치료할 수 없는 얼룩, 돌이킬 수 없는 오점에 시달리고 있다고 보는 것이다.

쇼펜하우어[14]의 비관주의도 이와 다르지 않다. 그에게 살인은 하나의 징후이다. 그리고 살인이 포악한 징후인 이유는 포악한 전체에 속한 것이기 때문이다. 이 포악한 전체는 어떤 특정한 장소에서 그런 징후를 드러내는 것 말고는 자신의 본성을 표현하지 못한다.

그러므로 우리가 결정론자이고 현명한 사람이라면, 살인에 대한 유감을 더욱 큰 유감으로 변형시켜야 할 것이다. 살인만 유감스럽게 생각하는 것은 부조리하다. 다른 것들이 그대로 있는 한, 살인은 달라질 수 없다. 우리가 유감스럽게 생각해야 할 것은 살인이 한 부분을 차지하고 있는 것의 전체 구조이다. 결정론자로서 유감의 판단을 조금이라고 성립시키려면, 이런 비관주의적인 결론을 피할 수 없다.

결정론자가 비관주의에서 벗어나는 유일한 길은 유감의 판단을 포기하는 것뿐이다. 역사는 이것이 불가능한 일이 아님을 보여준다. 악마도 '실존에 관한 한(quoad existentiam)' 좋은 것일 수 있다. 즉 악마는 악의 '근본 요인(principle)'이어도, 이런 요인을 갖고 있는 우주가 이것이 없을 때보다 실질적으로 더 나을 수도 있다. 실제로 어느 정도의 악이 보다 고차원적인 형태의 선을 일으키는 조건임을 도처에서 작게나마 발견할 수 있다.

이런 견해의 일반화를 가로막는 것은 아무것도 없다. 가장 큰 시각으로 보면 브록턴 살인사건 같은 일도 이 일이 불러오는 효과를 통해 나름의 몫을 하는 거라고 누구나 믿게 된다. 볼테르[15]가 《캉디드Candide》[16]에서 조롱했던 그 체계적이고 얼빠진 낙관주의도 있을 법한 이상적인 태도의 하나이고, 인간은 이런 시각으로 삶을 바라보게 스스로를 훈련시킬 수 있는 것이다.

이제까지 존재했던 가장 종교적인 인물들 가운데 몇몇도 독단적인 완고함을 버리고, 부드럽고 감동적인 희망의 표현으로 빛나는 낙관주의를 미덕처럼 간직하고 있었다.

자연의 고동치는 가슴으로 너의 가슴을 고동치게 하라
그러면 동쪽에서부터 서쪽에 이르기까지 모든 것이 맑아지리니.

잔인함과 배반도 분명히 시대의 축복받은 열매일 수 있다. 이 열매의 사소한 부분들을 갖고 싸우는 것은 신성모독일 수도 있다. 요컨대 진짜 신성모독은 후회와 유감, 비탄 같은 것들에 굴복하는 영혼의 염세적인 기질뿐이다. 그러므로 유감의 판단을 버리는 희생을 감수해야만 결정론적 비관주의는 결정론적 낙관주의가 될 것이다.

그런데 이런 생각은 우리를 즉시 이상한 논리적 곤경에 빠뜨리지 않는가? 결정론은 우리에게 유감의 판단을 잘못된 것이라고 부르게 만든다. 불가능한 것도 당위임을 함의한다는 점에서 유감의 판단이 염세적이기 때문이다.

그런데 유감의 판단 자체는 어떤가? 유감의 판단이 잘못된 것이라면, 다른 판단, 아마도 인정의 판단이 그 자리에 들어서야 할 것이다. 하지만 유감의 판단은 불가피한 것이기 때문에 다른 어떤 것도 그 자리에 들어설 수 없다. 이로써 우주는 그냥 이전과 같은 모습으로 존재한다. 다시 말해 당위가 불가능해 보이는 곳으로서 존재하는 것이다.

이렇게 우리는 한 발을 비관주의의 수렁에서 빼낸다. 하지만 다른 발은 수렁 속으로 더욱 깊이 빠져든다. 우리의 행동은 악의 속박에서 벗어나지만, 판단은 더욱 단단히 사로잡힌다. 살인과 배반이 죄가 아니게 되면, 유감은 이론적 모순이자 오류이기 때문이다.

이론적 삶과 실제의 삶은 악의 땅에서 시소게임 같은 것을 한다. 한 쪽이 올라가면 다른 쪽은 내려간다. 유감이 나쁜 것이 되어야만 살인과 배반은 좋은 것이 된다. 유감이 좋은 것이 되면 살인과 배반은 나쁜 것이 된다. 그러나 양쪽 모두 그 운명이 이미 예정되어 있는 것 같다. 그러므로 이 세계에서는 무언가가 숙명적으로 비이성적이고 부조리하고 잘못되어 있어야 한다. 죄나 오류가 이 세계의 필수적인 부분을 이루는 것이어야 한다.

얼핏 보기에 이 딜레마에서 벗어날 길은 없는 것 같다. 그렇다면 우리가 벗어났다고 생각하던 비관주의 속으로 다시 금방 빠져들 수밖에 없는 걸까? 충분한 지적 양심을 갖고 잔인함과 배반, 망설임과 후회 모두 좋은 것이라고 부를 방법은 없는 것일까?

물론 방법은 있다. 여러분 대부분은 아마 그런 방법을 스스로 만들어낼 준비가 돼 있을 것이다. 하지만 그 방법을 만들기 전에, 결정론과 비결정론의 문제가 얼마나 빤하게 우리를 낙관주의와 비관주의의 문제, 혹은 우리 조상들이 말하는 '악의 문제' 속으로 밀어넣는지 주목해야 한다.

이 모든 논쟁들의 신학적 형태는 아주 간단하고 심오하다. 이 형태에서 벗어날 길은 거의 없다. 그 이유는 몇몇 사람들이 냉소적으로 말하는 것처럼, 신학자들이 유감과 후회를 영적 사치라도 되는 것처럼 병적으로 좋아하기 때문이 아니라 그것들이 세계의 현실이기 때문이다. 존재하도록 운명 지어진 모든 것을 결정론적으로 해석할 때, 후회와 유감을 고려할 수밖에 없기 때문이다. 그것들이 오류가 될 수밖에 없다 해도, 비합리성이라는 박쥐의 날개는 여전히 그 그림자를 세계에 드리우고 있지 않은가?

주관주의를 통한 탈출

내가 말한 것처럼 이 딜레마에서 벗어나는 길은 그리 멀리 있지 않다. 우리가 잘못 후회하는 필연적인 행위들은 좋은 것일 수도 있다. 그리고 그 행위들을 그렇게 후회하는 우리의 오류도 하나의 간단한 조건이 갖춰질 때 좋은 것일 수 있다. 그 조건은 바로 이렇다. 즉 우리는 세계를 하나의 기계로 여기지 말아야 한다. 이 기계의 궁극적 목적은 모든 외적인 선을 현실로 만드는 것이다. 그보다 우리는 세계를 하나의 도구로 여겨야 한다. 이 도구는 본질의 차원에서 선과 악이 무엇인지에 대한 이론적 자각을 심화시킨다.

  자연이 좋아하는 것은 선이나 악을 행하는 것이 아니다. 선과 악을 아는 것이다. 삶은 선악과나무[17]에 달린 열매를 먹는 긴 과정과 같다. 혼자 조용히 생각에 잠길 때, 나는 습관적으로 이런 시각을 영지주의적[18] 관점이라고 부른다. 이 관점에 따르면 세계는 낙관적이지도 비관적이지도 않고, 그저 영지주의적인 곳일 뿐이다. 그런데 이 용어는 몇 가지 오해를 불러올 수도 있으므로 여기서는 되도록 쓰지 않고, 주관주의[19]와 주관적 관점에 대해서 이야기하겠다.

주관주의에는 크게 과학주의(scientificism)[20]와 감상주의(sen-timentalism),[21] 감각주의[22]의 세 갈래가 있다. 이것들은 모두 세계에 대해 본질적으로 같은 견해를 갖고 있다. 우주에서 일어나는 일들이 우주에 대한 우리의 생각과 느낌을 보조한다는 것이다. 범죄는 그 범죄 행위에 대한 지성을, 궁극적으로는 우리의 후회와 유감을 일깨움으로써 범죄 행위를 정당화한다. 그리고 후회와 유감 속에 담긴 오류, 즉 과거는 달랐을 수도 있었다고 생각하는 오류는 그 쓰임새로 스스로를 정당화한다.

그 오류의 쓰임새는 돌이킬 수 없이 잃어버린 게 무엇인지를 빨리 인식하게 하는 것이다. 우리가 그것을 잃어버리지 않았을 수도 있는 것처럼—더없이 슬픈 말이다—생각하는 순간, 그 잃어버린 것의 가치는 더욱 미친 듯이 달콤하게 말을 건다. 반대로 그것을 마땅히 있어야 할 자리에서 밀어낸 것처럼 보이는 뭔가를 생각할 때 느끼는 불만은 더욱 혹독한 고통을 안겨준다.

이 얼마나 멋진 자연의 책략인가! 여러분은 놀라움에 소리를 지르고 싶어질지도 모른다. 더 잘 계몽하기 위해 우리를 속이다니! 피조물이 이쪽저쪽으로 흔들리고 있는, 선과 악이라는 두 대극 사이의 먼 거리를 우리의 의식에 강조해주기 위해 어떤 것도 미완으로 남겨두지 않다니!

이로써 결정론자들이 상황을 숙고한다고 자부하는 한, 결정론자들이 부딪히는 딜레마가 무엇인지를 분명하게 살펴보았다. 사실 기계적 결정론자들은 상황을 깊이 숙고하지 않는 편을 더 좋아한다. 우주는 물리적 연속성과 일관성이라는 가정을 분명히 만족시키겠지만, 도덕적 일관성이라는 가정을 갖고 다가오는 사람에게도 미소를 보낸다.

오늘밤 여기 모인 여러분 중에 순전한 기계적 결정론자 혹은 강한 결정론자는 극히 소수에 불과할 것이다. 여러분이 가장 많이 유혹당할 수 있는 결정론은 내가 약한 결정론이라고 부르는 것이다. 약한 결정론에서는 결정론이 합리적으로 어떤 종류의 우주를 뒷받침해주는지 판단할 때, 원인과 결과는 물론이고 선과 악의 문제도 고려한다. 이 결정론의 딜레마는 왼쪽엔 비관주의의 뿔을, 오른쪽엔 주관주의의 뿔을 달고 있다는 데 있다. 다시 말해 결정론이 비관주의를 피하려면, 삶의 좋은 것과 나쁜 것을 단순한 객관적 시각으로 보기를 멈추고, 그 자체로는 대수롭지 않아도 우리 안에서 과학적이고 윤리적인 의식을 만들어내는 재료로 받아들여야 한다.

모두가 알다시피 비관주의에서 벗어나는 것은 쉽지 않다. 삼라만상을 관통하는 하나의 원리가 있으며, 이 절대적으로 완전한 원리가 일상에서 삶의 실제를 바라보는 시각에 부합한다고 생각하기가 얼마나 어려운지 여러분도 충분히 깨달았을 것이다. 완전함이 그 원리라면 불완전함이 어떻게 여기 존재할 수 있단 말인가? 신이 선하다면 왜 악마를 창조했단 말인가? 신이 악마를 창조한 게 아니라면, 악마를 왜 허용했단 말인가? 악한 실제들은 표면적인 것으로 설명되어야 한다. 즉 신의 선함이나 통일성, 권능이 손상 없이 남아 있으려면, 악마는 눈속임이어야 하고 우주는 감염되지 않아야 한다. 이런 소독으로 나쁜 것을 덜 나쁘게 보이도록 만드는 다양한 방법들 중에서 최고의 것은 단연코 주관주의인 것 같다.[23]

그 이유는 결국 외적 사물을 그 자체로 선하거나 악한 것으로 보는 일상적 관념 속에 다소 부조리한 무언가가 있기 때문은 아닐까? 예컨대 살인이나 배신을 그저 외적인 사건이나 움직임으로 볼 경우, 이것들을 나쁘다고 느끼는 사람이 아무도 없어도 이것들이 나쁠 수 있을까? 선을 인식하는 지각원리가 없어도 천국을 정말 선하다고 할 수 있을까? 외적인 선과 악은 이것들에 대한 도덕적 판단이 이뤄지지 않는 한 실질적으로 구분할 수 없는 것 같다. 그렇다면 주요한 것은 도덕적 판단이고, 외적인 사실들은 도덕적 판단을 위해 소모되는 도구로 보인다. 이런 것이 바로 주관주의이다.

여러분 모두는 언젠가 도덕적 본성의 기이한 패러독스에 놀란 경험이 있을 것이다. 외적인 선을 추구하는 것이야말로 도덕적 본성의 콧구멍을 드나드는 공기와 같았는데, 정작 외적인 선을 달성하고 나자 도덕적 본성이 질색해 죽을 것처럼 여겨진 적이 있을 것이라는 말이다.

천국이나 지상의 낙원 혹은 이상향을 그린 그림이 해탈이나 도피에 대한 생각을 일깨워주는 이유는 뭘까? 주일학교에서 보게 되는 흰 예복을 걸치고 하프를 뜯는 사람들의 천국이나, 허버트 스펜서[24]가《윤리학의 자료The Data of Ethics》[25]에서 진보의 최종적 완성 형태로 제시한 한가한 이상향은 모두 순수하고 단순한 느림보들의 땅이라는 면에서 똑같다.[26] 우리는 광기와 현실, 열정과 무감각, 희망과 두려움, 고통과 환희가 흥미롭고 무질서하게 뒤엉킨 채 우리를 형성하고 있는 곳에서 이런 이상향들을 바라본다. 이럴 때 이 이상향들이 우리 가슴속에 불러일으키는 감성은 생에 대한 권태 혹은 염세뿐이다.

투쟁을 위해 태어난 우리의 어스레한 본성에 렘브란트풍의 도덕적 명암, 어둠 속에서 빠르게 달라지는 햇살의 몸부림, 빛 위에 빛이 겹쳐져 있는 그림들은 공허하고 무표정해서 즐기거나 이해하기가 어렵다. 이런 것이 승리의 열매 전부라면, 우리는 이렇게 말할지도 모른다. 여러 세대의 인류가 고통 받다가 생을 놓아버리게 된다면, 예언자들이 고백을 하고 순교자들이 불꽃 속에서

노래를 부른다면, 유례없이 무기력한 족속이 대를 이어 영원히
자족적이고 무해한 삶을 지속할 수 있게 모든 성스런 눈물이 뿌
려진 것이라면, 싸움에서 이기기보다 지는 편이 더 낫지 않을까?
연극의 마지막 막을 끝내기 전에 어떻게든 벨을 눌러서 일찍 막
을 내려버리는 편이 낫지 않을까? 그래야만 그처럼 중요하게 시
작된 일이 그처럼 무미건조하게 끝나버리는 걸 막을 수 있지 않
을까?

영지주의를 옹호하려면 나는 즉시 이 모든 것을 말해야 할
것이다. 하지만 지금 여러분은 내가 영지주의자가 아니라는 사
실을 알 것이다. 정말 영지주의에 동조하는 이들은 어려움 없이
이보다 훨씬 많은 이야기를 할 것이다.

모든 외적인 선이 영속적이고 최종적인 것으로 여겨질 때,
인간은 이런 선을 권태롭게 받아들인다. 그 선이 위협당하고 때
로 잃어버려야, 인간은 그것을 선으로 충분히 느낀다. 아니, 가끔
씩 잃어버리는 것만으로는 부족하다. 순수함이 영원히 사라져버
리고 돈으로도 되살 수 없다는 점을 깨달을 때까지는 누구도 순
수함의 가치를 모른다. 삶은 성자가 아니라 회개하는 죄인을 통
해 그 의미의 전체 폭과 길이, 높이와 깊이를 드러낸다. 악이 없
는 것이 아니라 악이 있어도 미덕으로 악의 목덜미를 움켜쥐고

있는 것이 인간의 이상적인 상태이다. 이런 것이 인간의 영원한 상태가 아니라고 생각할 이유는 없는 것 같다.

도덕적 진보의 개념이 환상이라는 쇼펜하우어 학파의 주장 속에는 깊은 진실이 담겨 있다. 그악한 악이 사라지면 더욱 교묘하고 해로운 악이 그 자리를 대체한다. 우리의 도덕적 지평도 우리의 움직임과 함께 움직인다. 우리는 검은 파도와 푸른 하늘이 맞닿아 있는 그 아득한 선에 결코 가까이 다가갈 수 없다. 우리가 할 수 있는 창조의 궁극적인 목적은 가장 강렬한 대비와 가장 다양하고 폭넓은 인물들을 통해 우리의 윤리 의식을 최대한 풍요롭게 만드는 것인 듯하다. 이것이 가장 그럴듯한 목적처럼 보인다.

물론 이런 목적을 달성하려면, 우리 중 일부는 분노를 자아내는 사람이 되고, 다른 일부는 존경심을 불러일으키는 사람이 될 수밖에 없다. 그러나 주관주의적 관점은 이 모든 외적인 차이를 공통의 지표로 환원시킨다. 중죄인의 감방에서 고통스럽게 살아가는 하찮은 인간은 이른바 운명의 총아가 한 번도 입술에 대보지 못하는 진리의 술을 몇 모금 마실 수 있을 것이다. 그 한 모금 한 모금의 자각은 세월과 더불어 인간의 살아있는 가슴에서 생성되는 위대한 윤리의 교향악에서 꼭 필요한 음표가 된다.

주관주의는 이 정도로 충분하다! 결정론의 딜레마가 주관주의와 비관주의 중 하나를 선택하는 것이라면, 이론적인 관점에서 조금도 주저할 여지없이 주관주의가 더 합리적인 체계처럼 보인다. 내가 아는 한, 세계는 그 외에 아무것도 아닐지 모른다. 삶에 대한 건강한 사랑이 있고, 그 사랑의 모든 형태와 욕망이 말할 수 없이 실제적인 것으로 보일 때, 가장 잔인한 것과 가장 영적인 것이 똑같은 태양 아래서 빛나고 각각이 완전한 풍요를 이루는 한 부분일 때, 어떤 실제들을 피하거나 이것들이 존재하지 않기를 바라는 것은 이토록 활력 넘치는 세계를 너무 옹졸하고 불건강하게 마주하는 태도인 것 같다. 그럴 바엔 차라리 철저하게 극적인 관점을 받아들여서, 모든 것을 우주의 영혼이 자신의 진의를 실현하기 위해 애쓰면서 영원히 숙고하고 표현해내는 끝없는 이야기로 보는 편이 적절한 것 같다.[27]

주관주의는 부패를 낳을 수 있다

이 모든 이야기를 들은 후에 내가 주관주의를 옹호하는 이유들을 과소평가한다고 비난하지 않기를 바란다. 이제 그 이유들이 강력한데도 불구하고 왜 내게 설득력이 부족해 보이는지 설명하겠다. 짐작컨대 내 반론들이 훨씬 강력할 것이다. 솔직하게 고백하면 내 반론들은 실질적인 것이다.

우리가 주관주의를 진실하고 확실하며 실질적인 태도로 받아들이고 그 결과들을 따른다면, 우리를 잠시 멈추게 하는 것들과 만나게 된다. 처음부터 주관주의를 그렇게 진지하고 지적이지 않은 태도로 받아들이면, 주관주의 자체의 본질적인 법칙에 의해 그것의 다른 모습이 커져서 결국은 가장 저속한 호기심으로 끝나버린다.

우리가 어떻게 느끼든 어떤 의무들은 그 자체로 선하고 우리는 그 의무들을 다하기 위해 여기에 있다는 생각을 버린다고 하자. 그리고 우리가 의무를 이행하거나 불이행하는 것이 주관적 인식과 느낌의 획득이라는 공동의 목적을 위한 것이고, 이것을 심화하는 것이 삶의 주된 목적이라는 반대의 생각을 중시한다고 하자. 그러면 우리는 내리막 비탈길의 어느 지점에서 멈추게 될까? 신학에서 주관주의는 '좌익'의 도덕폐기론(antinomianism)[28]으로 나아간다. 그리고 문학에서는 낭만주의로 나타나고, 실제의 삶에서는 활기 없는 감상이나 한계 없는 감각주의로 발현된다.

이런 견해들은 도처에서 운명론적인 기분을 부추긴다. 그래서 이미 생기 없던 사람들은 더욱 수동적으로, 에너지가 지나치게 넘치는 사람들은 완전히 무모하게 변한다. 전체 역사를 통해 우리는 주관주의가 제멋대로 방치됐을 때 온갖 영적·도덕적·실제적 방종 속에서 어떻게 스스로를 소진하는지 확인할 수 있다. 주관주의적 낙관주의는 윤리적 무관심으로 바뀌고, 이런 무관심은 영락없이 붕괴를 낳는다.

　미국과 영국에 소개되기 시작한 헤겔적 영지주의가 독일에서 한때 그런 것처럼 여기서도 대중 철학으로 자리 잡는다면, 분명히 독일에서처럼 좌익의 철학을 양산해 혐오의 반응을 불러일으킬 것이다. 이미 이 대학의 한 졸업생이 설교를 하면서 다윗처럼 회개할 수 있다면 자신도 죄인이 돼볼 수 있다고 말했다는 이야기를 들은 적이 있다. 여러분은 아마 그가 젊은 혈기에 허세를 부린 것이거나 진심을 담은 이야기였다고 말할 것이다. 여러분 말이 맞을 수도 있다.

　중요한 점은 주관주의나 영지주의 철학에서 볼 때, 허세든 진심이든 그런 행위가 조리 정연한 필연이 되고 삶의 주요한 구실로 자리 잡는다는 것이다. 순수하고 고전적인 진리들을 경험한 후에 자극적이고 고약한 진리들도 경험해 보아야 한다. 속물들의 어리석은 덕목들이 끼어들어 빛을 좇는 사람들의 영향으로부터 사회를 구하지 않으면, 그 사회는 내적인 부패라는 운명을 피하지 못할 것이다.

　낭만주의의 마지막 흐름들을 봐도 그렇다. 오늘날 파리 사람들의 이상한 문학에서도 그 흐름을 찾아볼 수 있다. 우리처럼 덜 영리한 나라의 사람들은 본래 하던 일들이 지루하고 무겁게 느껴져서 괴로워질 때, 그들의 문학으로 마음을 씻어버리고픈 충동에 너무 자주 사로잡힌다. 낭만주의는 주관적 감성에 대한 숭배와 장 자크 루소[29]가 처음으로 주창한 합법성에 대한 반기에서 출발했다. 이후 낭만파는 다양한 변천과 좌우익을 거쳤으며, 오늘날에는 에르네스트 르낭[30]과 에밀 졸라[31]라는 두 천재가 주요 대변자이다. 한 사람은 남성적인 목소리를, 한 사람은 여성적이라고 할 수 있는 목소리를 내고 있다.

나는 낭만파 인물들 중에서 별로 고결하지 못한 사람들에 대해서는 생각하고 싶지 않다. 내가 지금 염두에 두고 있는 르낭 역시 최근의 르낭이다. 내가 사용하는 영지주의자라는 말의 의미로 보면, 르낭과 졸라는 둘 다 아주 확고한 영지주의자이다. 그들은 삶의 진실을 갈망하며, 인간의 감성이야말로 가장 관심을 기울일만한 실제라고 생각한다. 뿐만 아니라 두 사람은 감수성이 어떤 고귀한 목적을 위해 존재하는 것이 아니라는 데 동의한다. 속물들이 말하는 것처럼 단지 외적인 권리들을 얻고 외적인 잘못들을 저지하기 위한 것은 아니라는 말이다.

하지만 한 사람은 에너지 때문에, 다른 사람은 달콤함 때문에 감수성을 강조한다. 한 사람은 청동 같은 목소리로 말하고, 다른 사람은 에올리언 하프 같은 목소리로 말한다. 한 사람이 선과 악의 구분을 거칠게 무시하는 반면, 다른 사람은 자신의《철학적 대화Philosophic Dialogues》의 비겁함과 소심함, 그리고《청춘의 선물Souvenirs de Jeunesse》의 경박한 낙관주의 사이에서 요염한 여자처럼 굴고 있다. 하지만 두 사람의 글 속에서는 낮고 거칠게 '헛되고 헛되니 모든 것이 헛되도다(vanitas vanitatum, omnia vanitas).' 하고 읊조리는 소리가 끊임없이 들려온다. 원한다면 독자들은 언제든 행간에서 이런 소리를 들을 수 있을 것이다.

이 프랑스 낭만파 작가들 중에서 우리를 구원해줄 말을 갖고 있는 사람은 없다. 인생사에 싫증이 난 시간에, "난 인생사에서 어떤 즐거움도 찾지 못하겠어."라고 말하는 시간에, 세계의 너무도 무의미한 마찰로 공포에 젖는 시간에, 어쩌다 찾아온 이런 시간들에 우리를 구해줄 말을 갖고 있지 않다. 공포와 싫증도 다른 것과 마찬가지로 실제적 감성들이기 때문이다. 그들은 자신의 시간에 자신들의 권리로 지배한다. 시적이든 비평적이든 혹은 역사적이든 이런 내적인 불치성(remedilessness)이야말로 낭만주의적 발화의 핵심이다. 칼라일이 멀리서 들려오는 통곡과 비탄의 흐느낌이라고 부른 바로 그것이다.

이런 낭만주의적 마음 상태에서 벗어날 수 있는 이론적 탈출구는 전혀 없다. 르낭처럼 삶을 영혼이 써나가는 이야기로 고상하게 보든, 졸라의 친구들처럼 과학적이고 분석적인 특성을 자랑하고 냉소적으로 굴며 세계를 무한한 규모로 펼쳐지는 실험적 소설이라고 보든, 우리에게 세계는 칼라일이 한때 말했던 것처럼 광활하고 음울하며 쓸쓸한 골고다 언덕이나 죽음의 방앗간처럼 보인다.

유일한 벗어남은 실질적인 방법에 의해서만 가능하다. 칼라일이 요즘 너무 많이 매도당하고 있는데, 그의 이름을 이미 입에 올렸으므로 한 번 더 언급하도록 하겠다. 그의 가르침을 알려주기 위해서이다. 칼라일의 삶이나 그의 많은 저술은 중요하지 않다. 그가 우리에게 한 말 중에서 가장 중요한 것은 무엇인가? 그는 이렇게 말했다.

"당신의 감성을 거두어라! 지나치게 불평하는 것도, 넘치는 열광도 멈춰라! 감정에 휩쓸리는 바보짓을 그만두고 사람답게 '일(WORK)'하기 시작하라!"

이 말은 주관주의적 철학과 완전히 결별하는 것을 의미한다. 우리가 인식해야 할 궁극적 사실은 감성이 아니라 행위라는 말이기 때문이다. 우리가 해야 할 일과 저항하거나 일으켜야 할 외적 변화들이 무엇인지에 대한 통찰과 더불어 우리의 지적 지평은 마무리된다. 이 외적인 의무들을 자발적으로 즐겁게 실행하든 마지못해 억지로 하든, 우리는 어쨌든 이 의무들을 실행해야 한다. 이 의무들을 마치지 않고 피하는 것은 파멸을 의미하기 때문이다.

우리가 어떻게 느끼든 상관없이 외적 행위들에 충실하고 악을 저지르지 않기만 해도, 세계는 안전해지고 우리는 세계에 대한 빚을 탕감받을 수 있다. 그러니 기꺼이 멍에를 어깨에 걸고 그 당연한 무게에 고개를 숙여라. 우리의 느낌 말고 다른 것들을 우리의 한계, 우리의 주인, 우리의 법으로 받아들여라. 그리고 그것을 위해 기꺼이 살고 죽고자 하라. 그러면 순식간에 주관주의적 철학에서 벗어나 객관주의적 철학 속으로 들어가게 된다. 이것은 마치 어지러운 불빛과 소음이 그득한 달뜬 꿈에서 깨어나, 신성하고 상쾌하며 고요한 밤의 대기 속에 잠기는 것과 같다.

그렇다면 이 객관적 행위의 철학이 가진 본질은 무엇일까? 낭만적인 행위의 철학과 비교할 때, 이처럼 구식이고 제한적이지만 대단히 순수하고 온당하며 강력한 철학의 본질은 무엇일까? 그것은 바로 이질적이거나 이해가 잘 안 되는 한계들을 인정하는 것이다. 외적인 선을 실현시킨 후에 평화를 느껴보겠다는 자발적인 의지이다. 이제 우리의 책임은 의무의 이행으로 끝나고, 나머지 짐은 더욱 고차원적인 권능에 맡길 수 있다.[32]

오 우주여, 그대 자신을 보라
그대는 더 나빠지는 게 아니라 더 좋아지고 있다.

아무리 작은 것이라도 실행을 하는 순간, 우리는 이 철학에 따라 이렇게 말할 수 있다. 이 철학의 관점에서 보면 우주는 반독립적인 다원적 힘들의 것이다. 이 각각의 힘들은 나머지의 작용을 돕거나 저지하고, 반대로 도움을 받거나 저지당하기도 한다.

그런데 이런 점은 오랜 우회 끝에 다시 비결정론의 문제로 돌아가게 만든다. 또 내가 오늘밤 하려 했던 모든 이야기의 결론으로 이끌어주기도 한다. 다원주의와 각 부분들이 선하거나 악한 행위를 통해 영향을 주고받는 세계를 일관성 있게 표상하는 것은 비결정론적 방식이기 때문이다. 잘못된 길도 있을 수 있는 자연스러운 길이라는 것을, 어쩌면 더 위협적이고 절박한 방식일지도 모른다는 것을 느낄 수 없다면, 무슨 관심과 열정, 신명으로 올바른 길을 얻을 수 있겠는가? 잘못된 행위들을 해볼 필요가 있었고 올바른 길이 열려 있지 않았다면, 그 길을 택했다고 어떻게 스스로를 비난할 수 있겠는가?

자신의 느낌에 상관없이, 어떤 행위가 정말 좋거나 나쁜 것이라는 믿음도 없이 기꺼이 행위하는 마음을 나는 이해할 수 없다. 어떤 행위가 일어난 것에 유감을 느끼지도 않으면서 그 행위를 나쁘다고 믿는 것도 이해하지 못하겠다. 실제적이고 진정한 가능성들을 인정하지 않고는 후회를 이해할 수 없다. 이럴 때만 최선을 다하는 데 실패하고 나서, 돌이킬 수 없는 기회가 우주에서 사라져 영원히 그 상실을 애통해하는 것이 놀림거리가 되지 않을 것이다.

여러분은 이것이 전부 미신적인 생각이라고 할 수도 있다. 또 과학과 이성의 눈에는 가능성이 불가능성으로 보이고, 내가 나쁘게 행동하는 것은 우주가 이런 결함으로 고통 받도록 운명 지어져 있기 때문이라고 주장할 수도 있다. 그러면 여러분은 힘들게 막 빠져나온 비관주의와 주관주의의 함정, 딜레마 속으로 다시 떨어져버릴 것이다.

물론 원한다면 자유롭게 다시 떨어져버릴 수도 있다. 그래도 내가 보기에는 객관적인 옳고 그름의 철학과 이 철학이 함의하는 것으로 보이는 비결정론이 어떤 난제들을 갖고 있다 해도, 비관주의와 낭만주의를 대안으로 하는 결정론이 훨씬 더 큰 어려움을 포함하고 있다.

하지만 여러분은 내가 조금 전에 이 문제와 관련해서 이른바 과학적 방식으로 강압적인 논거들을 제시하는 주장을 분명히 부정했다는 점을 기억할 것이다. 그러므로 나는 이 긴 강연의 끝에서 완전히 개인적인 방식으로 결론을 진술할 수밖에 없다. 이 사적인 호소 방식은 바로 이 문제의 조건 중 하나로 보인다. 우리가 할 수 있는 최선은 자신이 가진 믿음의 근거들을 가능한 한 솔직하게 고백하고, 자신의 예가 다른 사람에게도 영향을 미치게 두는 것이다.

우연을 포함한 세계가 도덕적으로 덜 불합리하다

에두르지 않고 말하겠다. 우리가 어떤 이론으로 세계를 바라보든 세계는 당연히 수수께끼와 같다. 내가 옹호하는 비결정론, 즉 유감의 판단에 근거한 대중적 의미의 자유의지론은 세계를 취약한 곳으로 본다. 어떤 부분들이 잘못된 행위를 하면 이로 인해 손상되기 쉬운 곳으로 세계를 설명하는 것이다. 그리고 이 부분들이 잘못된 행위를 하는 것은 가능성이나 우연의 문제로 본다. 이런 가능성이나 우연은 필연이 아니지만 그렇다고 확실하게 피할 수 있는 것도 아니다.

이런 점들로 볼 때, 비결정론은 명료성이나 안정성이 결여된 이론이다. 이 이론은 다원적이고 불안한 우주를 제시하는데, 이런 우주에서는 어느 하나의 관점으로 전체의 모습을 포괄할 수 없다. 통일성에 대한 사랑에 사로잡힌 사람은 이를 영원히 수용할 수 없을 것이다. 실제로 이런 정신을 가진 한 친구가 내게 우주에 관한 내 생각이 썩은 고기에 들끓는 구더기 떼를 볼 때처럼 그를 메스껍게 만든다고 한 적이 있다.

다원주의와 불안정성이 어떤 면에서는 불유쾌하고 비합리적이라는 점을 나도 흔쾌히 인정한다. 하지만 이들에 대한 다른 모든 대안은 더욱 심각하게 비합리적이다. 여러분이 원한다면 그대로 인용해서, 그 구더기 떼 들끓는 비결정론이 불쾌하게 만드는 것은 내 지성이 본래부터 갖고 있는 절대론[33]뿐이다. 이런 절대론은 결국 무시하거나 억제해야 한다. 하지만 계속 비유적인 표현을 써서 말하자면, 썩은 고기는 불가피하게 갖고 있지만 이 고기를 갉아먹을 구더기가 없는 결정론은 내 도덕적 현실감을 철저히 침해한다.

한 예로, 브록턴 살인사건 같은 썩은 고기를 생각해 보자. 나는 이런 사건을 전체로서의 우주가 그런 전체와의 공모를 피하지 않고 논리적으로 그리고 불가피하게 자신의 본성을 표현한 행위로 볼 수 없다. 그래서 우주에 대한 충실성을 지키기 위해 살인은 전체의 본성에서 생겨난 것이므로 썩은 고기가 아니라고 딱 자르는 주장도 신중하게 거부한다. 나로서도 어쩔 수 없는 본능적 반응들이 있는 것이다.

유일하게 남은 대안인 영지주의적 낭만주의의 태도는 내 개인적 본능을 아주 폭력적으로 왜곡시킨다. 그것은 내 본능이 단순하고 객관적으로 발현된 것까지 변조시킨다. 살인이 내 안에 불러일으키는 소름을 범행의 충분한 이유처럼 만들어버리는 것이다. 나아가 병든 호기심이 즐겨 하듯 삶의 비극적 실상을 진실성도 없는 멜로드라마처럼 역겹고 저속하게 변형시킨다.

그리고 '자연주의 소설적인' 정신 상태를 신성시하고, 삼라만상의 무한한 영혼이 삶의 과제인 주관적 깨달음에 이르는 데 언제나 필요한 도구들 중에서 파리 사람들의 저급한 문학을 왕좌에 앉힌다. 이로 인해 나는 결국 주관적인 썩은 고기와 대면하게 된다. 이것은 내가 치워버리기 위해 회수했던 객관적인 썩은 고기보다 훨씬 더 역겹다.

맞다! 우리의 도덕적 분별력을 그처럼 체계적으로 오염시키는 것보다는 단순한 비관주의가 천 배 더 낫다. 이 단순한 비관주의를 왜곡하지 말아야 한다. 그래도 우연의 세계가 이것보다는 훨씬 낫다. 여러분이 우연에 대해 마음껏 크게 떠들어도, 나는 우연이 의미하는 것이 다원주의 이상도 이하도 아님을 안다.

물론 다원주의를 구성하고 있는 것들 중에도 일부 좋지 않은 것들이 있다. 하지만 다원주의 철학이 포괄적인 견해를 갖지 못하게 하더라도, 최소한 순수한 애정과 소박한 도덕의식을 갖고 다른 사람들에게 관심을 갖게는 만들어준다. 그래서 세계를 여전히 하나의 전체로 생각하고 싶을 때도, 우연을 내포한 세계가 우연이 아예 없는 세계보다 낫게 느껴진다. 설사 우연이 전혀 일어나지 않는다 해도 말이다.

이 '우연'의 개념이 미래에 관한 이성의 자멸을 의미하므로 이런 견해를 버리라고 권고하는 이들이 있다. 그렇다면 이 '우연'은 정말 무엇일까? 우연은 도덕적인 면에서 미래가 과거보다 더

낮거나 다를 수 있다는 가능성일 뿐이다. 존재 이유가 있다고 볼 수 있는 우연은 이것뿐이다. 그러므로 이런 우연을 부인하고 부정하는 것은 부끄러운 일이다! 이런 우연이야말로 세계를 살아있게 만드는 생명의 공기이자 세계를 유쾌한 곳으로 유지시켜주는 소금이기 때문이다.

우연과 신의 섭리는 배치되는 개념이 아니다

오늘밤 여러분이 이해하기를 바라는 것을 모두 이야기했으므로 여기서 멈추어도 좋을 것이다. 하지만 정말로 여기서 멈추면 몇몇 사람들의 마음속에 오해가 남을 수도 있고, 내가 한 이야기들이 아무 효과가 없을 수도 있으므로, 몇 마디 더 보태는 편이 좋을 것 같다.

먼저 내가 한 모든 설명에도 불구하고, '우연'이라는 말 때문에 여전히 애를 먹는 사람들이 있을 것이다. 결정론에 반대하더라도, '우연'이라는 말보다는 더 나은 단어로 결정론의 반대 개념을 지칭하고 싶을 것이기 때문이다. 이런 사람들은 내가 비뚤어진 편파성 때문에 우연이라는 말을 선호한다고 생각할 수도 있다. 물론 우연이라는 말이 확실히 생각을 바꿔놓기에 좋은 말은 아니다. 그래서 여러분도 내가 그 말을 억지로 강요하지 않기를 바랄 것이고, 더 부드러운 단어를 원할 것이다.

내가 우연이라는 말을 선택한 것은 일말의 괴팍함 때문일 수도 있다. 단어 찾기 놀이에만 급급한 온건한 결정론자들의 모습에 내가 너무 격하게 다른 쪽으로 치달은 것일 수도 있다. 더 좋은 말을 찾기 위해 그들과 논쟁하는 대신, 모호하지만 않다면 안 좋은 말이라도 처음에 떠오른 말을 그냥 쓰기로 한 것이다. 문제는 상황이지 이 상황을 칭하는 찬양의 말이 아니기 때문이다. 가장 좋은 말은 이 상황에 공감하는지 아닌지를 가장 빨리 알게 해주는 말이다. 그런데 '우연'이라는 말에는 부정성이 하나뿐이므로 이런 목적에 잘 부합된다.

'자유' 대신에 이 말을 사용하는 사람은 누구나 자신이 자유로운 것들을 통제할 수 있다는 허위를 분명하고 단호하게 포기한다. 이런 사람은 그 자유로운 것들이 자신에게는 우연이나 마찬가지라고 인정한다. '우연'은 무력한 말이다. 그래서 어떤 것들에 정직하게 자유를 부여하고 진실로 위험을 감수한다면 우리가 사용할 수 있는 유일하게 진실한 말이다. "나를 선택하는 자는 가진 것을 모두 버려야 한다."[34] 다른 말들은 핑계를 허용하고, 온건한 결정론자들의 방식을 좇아 한 손으로는 새 장에 갇힌 새를 풀어주는 척하면서 다른 손으로는 다리에 조심스럽게 끈을 묶어 새가 시야에서 사라지지 못하도록 한다.

이제 마지막으로 이런 의문이 생길 것이다. 그 보증되지 않은 우연이나 자유의 개념을 인정한다는 것은 세계를 다스리는 신의 섭리를 완전히 배제한다는 의미가 아닌가? 우주의 운명을 우연-가능성의 손에 맡겨서 우주를 불안정하게 만들어버리는 것이 아닌가? 요컨대 모든 고난 뒤에 오는 궁극의 평화와 모든 구름 너머에 있는 푸르른 천정(天頂)을 향한 우리 본래의 갈망을 부정하는 것이 아닌가?

이런 의문에 대한 내 대답은 아주 간단하다. 자유의지에 대한 믿음은 신의 섭리에 대한 믿음과 전혀 배치되지 않는다. 돌이킬 수 없는 천명의 포고가 신의 섭리라고 제한적으로 이해하지 않으면 그렇다. 신은 우주에 가능성과 이 가능성이 실체화된 것을 모두 제공하고, 우리처럼 이 두 범주 안에서 자신의 사유를 계속해 나가고 있을지 모른다. 이렇게 보면, 신도 통제하지 못하는 우연이 거기에 있을 것이고, 우주의 진로는 정말 모호할 것이다. 그렇지만 모든 것의 끝은 신이 오래전부터 의도한 그대로일 것이다.

한 가지 비유가 이 의미를 명확하게 해줄 것이다. 두 사람이 체스판 앞에 있다고 하자. 한 사람은 초심자이고 다른 사람은 전문가이다. 전문가는 이기려고 하겠지만, 상대가 실제로 어떻게 둘지는 미리 정확하게 예측하지 못한다. 그러나 그는 초심자가 둘 수도 있는 수들을 전부 안다. 그래서 초심자의 수에 대응해 경기를 승리로 이끌려면 자신이 어떤 수를 둬야 하는지도 미리 파악한다. 덕분에 시합이 아무리 힘들게 펼쳐져도, 전문가는 초심자의 왕을 꼼짝 못하게 만드는 예정된 형태로 승리를 확실하게 거머쥔다.

이제 초심자는 유한하고 자유로운 행위자로, 전문가는 우주를 품은 무한한 정신이라고 해보자. 무한한 정신은 우주를 실제로 창조하기 전에 우주에 대해 깊이 생각한다. 그는 아마 이렇게 말할 것이다.

"모든 것이 종말에 이르게 하겠지만 거기에 이르는 모든 단계를 지금[35] 정하지는 않겠어. 그러면 여러 지점에서 모호한 가능성들이 열려 있게 되지. 이 가능성 가운데 어떤 것은 실제로 실현되기도 할 테고. 하지만 두 갈래 가운데 어느 쪽이 현실화되든, 다음 분기점에서 어떻게 해야 내가 의도하는 최종 결과에서 벗어나지 않는지를 나는 알고 있지."[36]

그리하여 창조자의 우주 계획에서 실제적인 세부 사항의 내용은 비어 있게 되지만 가능성들은 모두 기록된다. 이 가운데 어떤 것이 실현될지는 순전히 우연에 맡겨진다. 실현의 순간이 왔을 때 그냥 결정되는 것이다. 다른 가능성들도 우연히 결정된다. 절대적 우연에 속하는 사항들이 어떻게 되는지 드러난 후에 결정이 이루어지는 것이다.

하지만 최종적 결말을 포함한 계획의 나머지는 단번에 엄격히 결정될 것이다. 그러므로 창조자 자신은 실제의 세부적 사항들이 모두 구체화될 때까지 이것들을 알 필요가 없다. 그리고 우리의 관점이 그렇듯, 창조자의 세계관 역시 부분적으로는 사실에, 부분적으로는 가능성들에 기초할 것이다. 다만 창조자가 확신하는 것이 하나 있다. 그것은 바로 자신의 세계가 안전하다는 것, 아무리 갈지자를 그리며 나아가도 마지막에는 자신이 확실하게 본래 위치로 되돌릴 수 있다는 것이다.

이런 계획 속에서 창조자가 적절한 순간이 올 때마다 절대적 우연-가능성들을 스스로 결정할지, 아니면 그 권능을 포기하고 인간 같은 유한한 피조물들에게 결정을 완전히 맡길지는 전혀 중요하지 않다. 중요한 점은 가능성들이 정말로 여기 있다는 것이다. 이 문제가 다른 곳이 아닌 바로 지금 여기에서 결정된다는 것을 인정하는 한, 운명의 저울이 흔들리고 영혼이 괴로운 순간에, 선이 악으로부터 승리를 쟁취하거나 투쟁에서 힘없이 물러서는 순간에, 이 가능성들을 우리가 해결할지 창조자가 우리를 통해 작용할지는 별로 중요하지 않다.

윌리엄 맬록이 말한 것처럼, 바로 이런 점으로 인해 우리의 도덕적 삶은 약동하는 현실성을 얻으며, 너무도 낯설고 정묘한 자극으로 설렌다. 그러나 약한 결정론자나 강한 결정론자 모두 이런 현실성과 설렘을 억압하기 위해서 모든 것이 지금 여기에서 결정된다는 점을 부인하고, 이미 오래전에 결정되고 예정되어 있었다고 주장한다. 만약 그렇다면, 여러분과 나는 계속해서 자유를 믿는 오류를 범하도록 예정되어 있을 것이다.[37] 결정론에 대한 모든 논의에서 이런 대인논증(argumentum ad hominem)[38]이 마지막이라는 것은 다행스러운 일이다.

후주(後註)

1. 삶은 살만한 가치가 있는 걸까

1) 윌리엄 맬록(William Hurrell Mallock)은 영국 소설가이자 경제 관련 저술가로서 가톨릭교회를 옹호하고 실증주의 철학을 비판하는 글을 썼다.

2) 예전에는 간장을 감정의 근원으로 여겼다. 한의학에서는 간장에서 생기(生氣)가 발생된다고 믿는다.

3) 월트 휘트먼(Walt Whitman)은 19세기 미국의 시인으로, 자비로 출간한 시집 《풀잎Leaves of Grass》이 20세기 중엽에 재평가받으면서 미국 시에 혁명적인 영향을 미쳤다.

4) 장 자크 루소(Jean-Jacques Rousseau)는 18세기 프랑스의 사회학자이자 철학자, 미학자, 교육론자이다.

5) 루소에게 보호자 겸 후원자 역할을 해준 바랑 부인을 가리킨다. 둘은 후에 연인관계로 발전했다.

6) 중세까지도 다혈질과 담즙질, 우울질, 점액질의 배합에 의해 인간의 체질과 기질이 결정된다고 믿었다.

7) 자코모 레오파르디(Giacomo Leopardi)는 19세기 이탈리아의 위대한 시

인이자 철학자, 에세이스트, 문헌학자이다. 낭만주의 문학의 주요 인물로서 《죽음에 다가서는 찬가Appressamento Della Morte》로 염세주의적 시인의 면모를 드러냈다.

8) 제임스 톰슨(James Thomson)은 셸리와 노발리스를 기리는 의미로 비셰 바놀리스(Bysshe Vanolis)라는 필명으로 활동한 19세기 영국 시인이다.

9) 존 러스킨(John Ruskin)은 영국 빅토리아 시대의 저명한 평론가이자 작가, 철학자, 사회운동가, 화가이다.

10) 〈루카복음〉 16장 19~31절에 나오는 거지 라자로(Lazarus)의 이야기를 말한다.

11) 계시가 아니라 인간의 이성이나 자연에서 얻은 경험을 기초로 신과 진리의 존재를 논증하는 신학을 말한다.

12) 마르쿠스 아우렐리우스(Marcus Aurelius)는 현명한 황제로 인정받는 로마제국의 16대 황제이다. 후기 스토아철학을 신봉했으며 《명상록》이라는 명저를 남겼다.

13) 자신의 영혼을 보거나 데자뷰를 경험할 때처럼, 인지적 불확실성으로 친밀한 대상에게서 낯설고 두려운 감정을 느낄 때 심리학에서 이 용어를 사용한다. 독일어로는 '섬뜩한(unheimlichkeit)'으로 옮길 수 있다.

14) 토머스 칼라일(Thomas Carlyle)은 19세기 영국 사상가이자 작가, 역사가이다. 힘 있는 문체로 이상주의적 범신론을 펼쳤으며, 삶에 대한 경종으로 후세에 많은 영향을 미쳤다. 간소한 삶을 즐기며 괴테, 에머슨과도 교우했다.

15) 토이펠스드뢰크(Teufelsdröckh)는 《의상철학》에 주인공으로 등장하는 철학교수이다.

16) 인간의 이성에 근거한 합리주의적 종교나 자연숭배에 가까운 원시적 미개종교를 가리킨다. 여기서는 후자를 가리킨다.

17) 신이 정말로 존재한다면 어떻게 그토록 많은 악과 불행, 고통이 이 세상에 있을 수 있단 말인가? 이 질문에 대해 라이프니츠 학파의 학자들은 악

이나 고통도 전체의 아름다움과 조화로움을 돋보이게 해주는 필연적 요소라고 보았다.

18) 예루살렘 서남쪽의 한 지역이나 사물을 가리킨다. 옛날에 이곳에서 아이를 불 태워 신에게 바치는 의식을 치렀다고 한다. 이 글에서처럼 지옥의 의미로도 사용된다.

19) 칼뱅주의(Calvinism)는 종교개혁가 장 칼뱅(Jean Calvin)의 사상을 추종하는 이들이 만들어낸 프로테스탄트 사상이다. 칼뱅주의자들은 하느님의 주권을 중시하고, 성서를 중심에 두며, 하느님의 은혜와 선택, 예정을 강조한다.

20) 발도파(Waldenses)는 12세기 말 프랑스의 거상 피터 발도(Peter Waldo)에 의해 시작된 순복음주의적 신앙 공동체이다. 이들은 청빈과 설교를 중시하고, 성서를 신앙의 원천으로 삼았으며, 교회 내의 여러 관습을 거부했다. 발도는 설교금지 명령을 어겨서 교황 루치오 3세에게 파문당했다.

21) Alexandre Bérard, Les Vaudois(Lyon, Storck, 1892). (原註)

22) 제노스 클라크(Xenos Clark)는 매사추세츠 주의 농업대학을 나온 후 제도사와 교사로서 다양한 일을 했다.

23) 천시 라이트(Chauncey Wright)는 미국 철학자이자 수학자이다. 그는 다윈주의를 옹호했으며, 윌리엄 제임스 같은 미국의 실용주의자들에게 중요한 영향을 미쳤다.

24) 러버랜드(lubberland)는 '게으른 자들의 도시'를 의미한다.

25) 윌리엄 워즈워스(William Wordsworth)는 19세기 낭만주의 문학의 막을 연, 영국의 위대한 계관시인이다.

2. 믿으려는 의지

1) 레슬리 스티븐(Leslie Stephen)은 영국 비평가이자 작가, 역사가, 등산

가이다. 소설가 버지니아 울프의 아버지이며, 《영국 인명사전》의 초대 편집장이 된 후 26권까지 완성했다.

2) 마흐디는 세계의 종말에 나타나 악과 불의를 소멸시켜준다는 이슬람교의 구세주이다.

3) 프리드쇼프 난센(Fridtjof Wedel-Jarlsberg Nansen) 박사는 노르웨이의 북극 탐험가이자 과학자, 외교관으로 1922년 노벨평화상을 수상했다.

4) 블레즈 파스칼(Blaise Pascal)은 프랑스의 수학자이자 물리학자, 발명가, 철학자, 신학자이다. 수학과 자연과학을 통한 탐구와 더불어 기독교 신앙을 통한 행복과 진리 추구를 강조했다.

5) 아서 클러프(Arthur H. Clough)는 종교와 과학의 갈등 속에서 고민했던 19세기 영국의 시인이자 교육학자이다.

6) 올더스 헉슬리(Aldous L. Huxley)는 동서양 사상과 철학, 과학, 심리학에 대한 방대한 지식을 바탕으로 삶의 본질적 의미를 파고든 영국 소설가이자 비평가이다.

7) 윌리엄 클리포드(William K. Clifford)는 영국 철학자이자 수학자이다. 개인의 '자아'는 '종족'의 복리를 위해 자신의 행위를 규제하며, 이런 자아의 발전이 양심과 도덕법칙을 형성한다고 했다.

8) 아서 밸푸어(Arthur Balfour)는 영국 총리를 지낸 보수당 정치인이다.

9) 1823년 먼로 대통령이 처음 제창한 후 미국의 전통적인 외교 방침이 된 외교상의 불간섭주의를 말한다.

10) S. H. Hodgson, Time and Space(London, 1865), 310쪽의 놀라운 구절과 비교해 보라. (原註)

11) 종교적인 계급제도를 옹호하고 성직자의 특권을 존중해주는 주의를 말한다.

12) 존 헨리 뉴먼(John Henry Newman)은 19세기에 큰 영향력을 행사한 성직자이자 저술가이다. 영국 성공회의 옥스퍼드 운동을 이끌었으며 나중

에는 가톨릭교회로 개종해 추기경이 되었다.

13) 자연은 무질서한 것이 아니라 균일성을 갖고 있다는 원리이다. 귀납법을 통해 얻은 지식이 새로운 경험에 의해 뒤집혀지거나 불확실한 것으로 무시되는 것을 막기 위해 존 스튜어트 밀(John Stuart Mill)이 처음으로 만들어냈다.

14) 요한 프리드리히 횔너(Johann Karl Friedrich Zöllner)는 착시 현상을 연구한 독일의 천체 물리학자이자 초심리학자이다.

15) 찰스 힌턴(Charles H. Hinton)은 영국의 수학자이자 공상과학 소설 작가이다. 그는 사차원에 관심이 많았으며 '사차원 정육면체(tesseract)'라는 말을 만들어냈다. 또 고차원의 기하학적 구조를 시각화하는 방법들을 연구한 것으로도 유명하다.

16) 토머스 리드(Thomas Reid)는 영국의 철학자이자 윤리학자, 상식학파의 창시자이다.

17) 칸트는 인간이 사유를 통해 파악할 수 있는 것에 한계가 있다는 의미로 이 한계개념을 만들어냈다. 예를 들어 우리의 마음도 서로 파악해서 개념화할 수 없는 한계개념에 해당된다.

18) Wilfrid Ward, Witness to the Unseen(Macmillan & Co., 1893)에 나와 있는 'The Wish to Believe'와 비교해 보라. (原註)

19) 샤를 시크레탕(Charles Secrétan)은 스위스 철학자이다. 그는 기독교의 궁극적 토대를 철학의 원칙들과 통합한 이성적이고 철학적인 종교를 위한 글을 많이 썼다.

20) 우리의 지성이나 이성이 정서나 감정보다는 우월한 지위에 있다고 생각하는 철학적 입장을 말한다.

21) 믿음은 행위로 측정한다. 그렇기 때문에 우리로 하여금 종교를 진실이라고 믿지 못하게 막는 사람은 필연적으로 우리가 종교를 진실이라고 믿을 때 하는 행위도 못하게 막는다. 종교적 신념을 온전히 방어하는 일은 행

위에 달려 있다. 종교적 가정이 요구하거나 고취한 행위가 자연주의적인 가정에 따른 행위와 전혀 다르지 않다면, 종교적 신념은 없어도 되는 것이므로 제거해버리는 편이 좋다. 그리고 진지한 사람에게 그것의 타당성에 대한 논쟁은 한가하고 하찮으며 무가치한 일이다. 물론 나는 종교적 가정이 세계를 표현하며, 이런 표현이 우리의 반응을 분명하게 결정지을 뿐만 아니라, 우리의 반응을 순전히 자연주의적인 믿음 체계에 의거한 반응들과는 대체로 다르게 만들어준다고 믿는다. (原註)

22) 〈여호수아서〉 1장 7절에 나오는 말씀이다.

23) James Fitzjames Stephen, Liberty, Equality, Fraternity, 2d Edition(London: 1874), p. 353. (原註)

3. 결정론의 딜레마

1) 토머스 그린(Thomas Hill Green)은 독일 관념론에 영향을 받은 19세기 영국 철학자이자 정치 사상가이다.

2) 프랜시스 브래들리(Francis Herbert Bradley)는 《현상과 실제Appearance and Reality》를 쓴 19세기 영국의 철학자이다.

3) 섀드워스 호지슨(Shadworth Hodgson)은 윌리엄 제임스가 실용주의의 선구자로 인정한 영국 철학자이다. 주요 저서로 《경험의 형이상학The Meta-physic of Experience》이 있다.

4) 샤를 르누비에(Charles Renouvier)는 프랑스의 철학자로 칸트적 관념론과 개인주의의 쇄신을 위해 노력했다.

5) 알프레드 푸이에(Alfred Fouillée)는 프랑스의 철학자이자 사회학자이다. 그는 생물학과 사회학을 결합해서, 사회가 진화할수록 무의식적인 것에서 의식적인 것으로 이행하며, 사회의 의식화에는 자유의지의 발달이 수반된다고 주장했다.

6) 조셉 델뵈프(Joseph Rémi Léopold Delbœuf)는 벨기에의 실험심리학자로서 착시현상 연구로 유명하다.

7) 이제 찰스 퍼스(Charles S. Peirce)도 포함시킬 수 있다. Monist(1892~93)를 보라. (原註)

8) 〈사도행전〉 17장 22~34절에서 바울은 아테네를 돌아다니다가 '알지 못하는 신에게'라고 새겨진 제단까지 보았다면서 아테네인들에게 그 알지 못하는 신이 인류를 창조한 하느님이니 그 신을 믿으라고 호소한다.

9) 자연에 관한 대중적 믿음의 전체 역사는 보편적인 물리적 질서에 대한 사유가 개별적 지각에 관한 순수하게 수동적인 수용과 연합에서 생겨났을 수도 있다는 개념에 이의를 제기한다. 인간이 알려진 사례들에서 미지의 것을 추론한다는 것은 의심의 여지가 없다. 그러나 자연스럽게 제시되는 현상학적 자료들에만 국한시킨다면, 이런 과정은 일반적인 균일성에 대한 믿음으로 이어지지는 않고, 법칙과 무법칙이 잡다하게 교체되면서 세계를 지배한다는 믿음만 가져다주리라는 점도 똑같이 분명하다. 엄격한 경험의 관점에서 보면, 한편으로는 일치하고 다른 한편으로는 모순되는 개별적 지각들의 총합만 존재한다.

이 세계에 얼핏 보이는 것보다 더 많은 질서가 존재한다는 점은 이 질서를 찾을 때까지는 발견할 수 없다. 그 질서를 찾으려는 처음의 충동은 실제적인 필요에서 생겨난다. 목적을 달성하거나 하나의 결과를 산출해내야 한다는 필요 말이다. 그러나 실질적 필요는 진정한 지식의 조건을 숙고하게 해주는 첫번째 기회일 뿐이다. 그런 필요가 없는 경우에도, 동기들은 여전히 존재하면서 우리를 단순한 연합의 단계 너머로 데려가려 할 것이다. 똑같은 관심을 갖고 있는 게 아니든 똑같이 관심이 결여되어 있든, 인간은 하나의 사물이 그것의 이전 짝이나 어떤 다른 것과 연결되는 이런 자연적 과정들을 숙고할 것이기 때문이다.

전자의 과정은 그 자신의 사유 조건과 조화를 이루지만 후자는 그렇지 않다. 전자의 경우에서는, 그의 개념과 일반적인 판단, 추론들이 실제에 들어맞는다. 그러나 후자의 경우에서는 전혀 들어맞지 않는다. 그래서 처음에 충분한 생각도 없이 가졌던 지적 만족은 드디어 현상계 전체에 실현되어 있고 그의 사유의 근본 요소이자 선도적 원리인 합리적 연속성과 균일성, 필연성을 발견하고 싶다는 의식적 소망을 그의 내면에서 촉발시킨다. (Sigwart, Logic, bd. 3, s. 382) (原註)

10) 전문적으로 말하면, 이 말의 명시적 의미는 긍정적이지만 함의적 의미는 부정적이다. 다른 것들은 우연이 무엇인지에 대해서 말해주지 않는다. 우연이 스스로를 드러내는 순간에 오직 우연만이 이 점을 해결한다. (原註)

11) 자유의지에 반대할 때 즐겨 사용하는 논거는 이렇다. 만약 자유의지가 참이라면, 살인자도 가장 나쁜 적이자 가장 좋은 친구가 될 수 있고, 어머니도 자신의 첫 아기를 목 졸라 죽이거나 젖을 먹일 수 있고, 우리 모두 현관문으로 나가는 것처럼 4층 창문에서 뛰어내릴 수도 있다는 것이다. 이런 논거를 사용하는 사람은 아마도 진짜 문제가 무엇인지를 알 때까지 논쟁에서 배제해야 할 것이다.

'자유의지'는 구체적으로 생각할 수 있는 모든 것이 도덕적으로도 가능하다고 말하지는 않는다. 자유의지가 말하는 점은 단지 우리의 의지를 실제로 유혹하는 대안들 중에서 정말로 가능한 것이 하나 이상은 된다는 것이다. 물론 그렇게 우리의 의지를 유혹하는 대안들은 우리가 냉철하게 생각해낼 수 있는 구체적 가능성들보다 훨씬 적다. 사람들은 실제로 종종 그들의 가장 친한 친구를 살해하고 싶어 하기도 하고, 어머니도 첫 아기를 목 졸라 죽이고 싶어 하기도 하고, 4층 창문에서 뛰어내리고 싶어 하기도 한다. (原註)

12) 오마르 하이얌(Omar Khayyam)은 11세기 페르시아의 시인이자 철학자, 천문학자, 수학자이다.

13) 프랑스 동화작가 장 드 라퐁텐(Jean De La Fontaine)의 우화이며 원래 제목은 《도토리와 호박》이었다. 한 농부가 연한 호박 줄기에 달린 호박과 튼

튼한 상수리나무에 달린 도토리를 보고 신의 뜻을 의심한다. 그러다가 도토리 열매에 머리를 맞는 순간 신이 세상의 모든 것을 잘 만들었다는 점을 깨닫는다. 이 후 많은 번역과 각색에서 신학적 해석의 중심이 달라지기도 했다.

14) 아르투어 쇼펜하우어(Arthur Schopenhauer)는 19세기 독일의 비관주의 철학자이자 문필가이다. 그는 예술적 관조를 통해 세계를 망각하거나, 욕망을 절멸시키거나, 범아일여를 체득해야 무원리의 고통스런 세상에서 벗어날 수 있다고 했다.

15) 프랑수아 마리 아루에 볼테르(Francois-Marie Arouet Voltaire)는 18세기 프랑스의 대표적인 철학자이자 역사가, 문학가, 계몽주의 운동의 선구자이다.

16) 볼테르의 역작이자 문제작인 철학적 풍자소설로서 '낙천주의'라는 부제를 달고 있다. '순진한(candide)' 청년 캉디드의 여정을 통해 검증 안 된 '낙천주의'를 조롱하고 당대의 사회적 부정과 불합리를 풍자했다.

17) 선악과나무는 에덴동산에 있는, 선악과가 달리는 나무를 말한다.

18) '영지(gnosis)'는 '지식(knowledge)'을 뜻하는 고대 그리스어이다. 영지주의(gnosticism)에서는 소수의 선택받은 자들이 영지를 깨달아 물질계에서 벗어나고 구원받을 수 있다고 말한다.

19) 주관주의(subjectivism)는 주체/주관의 자율성과 능동성을 중시하는 반면, 대상세계의 객관성과 법칙성을 부정한다. 그래서 인식과 판단, 실천의 근거를 개인의 주관에 둔다.

20) 과학지상주의 혹은 과학만능주의라고도 부른다. 과학이 인간에게 주어진 최고의 인식형태라고 보기 때문에, 인간의 내적 문제나 사회적 문제 모두 자연과학과 동일한 방법으로 인식하고 해결할 수 있다고 주장한다.

21) 18세기 후반 고전주의와 계몽주의에 대한 반작용으로 생겨났다. 사유나 의지보다 내면의 감정 해방을 중시한다.

22) 주관의 감각이 지식의 유일한 원천이라고 보는 견해이다.

23) 비관주의에 만족하기 때문에 완전히 나쁘게 생각하는 것에 이의가 없다고 말하는 독자에게 나는 더 이상 할 말이 없다. 그런 독자는 세계에 요구하는 것이 나보다 훨씬 적은 사람이다. 나는 요구들이 충족될 수도 있다는 희망을 모두 포기하기 전에 좀 더 살펴보기를 바라면서 요구를 한다. 하지만 그런 독자가 말하려는 것이 다른 부분들은 만족스러운데 몇몇 다른 부분들이 안 좋다고 해서 우주를 수용하지 않는 건 아니라는 점뿐이라면, 나는 그를 동지로 환영한다. 그는 결정론적 일원론의 핵심인 전체(Whole)라는 개념을 포기하고, 내가 이 글에서 그런 것처럼 사물들을 다원적으로 보기 때문이다. (原註)

24) 허버트 스펜서(Herbert Spencer)는 19세기 영국의 철학자이자 생물학자, 사회학자, 인류학자이다. 그는 철학과 과학, 종교의 융합을 시도했으며, 성운의 생성에서부터 인간사회의 도덕원리에 이르기까지 모든 것을 진화의 원리에 따라 체계적으로 설명했다.

25) 전 10권으로 이루어진 《종합철학체계The Synthetic Philosophy》의 제9권 1부이다.

26) James Stephen의 Essays by a Barrister(London, 1862), 138쪽과 318쪽을 비교해 보라. (原註)

27) 이 우주는 신이 자신에게 선사하는 한 편의 공연이다. 공연을 가능한한 찬란하고 참되게 만드는 데 동참해서 위대한 합창단의 뜻에 따르자-에르네스트 르낭 (原註)

28) 율법과 규례, 십계명 등의 명령이 지닌 중요성을 최소화하는 대신, 성령의 인도를 중시하고 믿음에 따라 살아야 한다는 견해이다.

29) 18세기 낭만주의의 기초를 다진 장 자크 루소는 도덕적 관념은 생득적인 것이며, 규칙에 따른 예의바른 생활보다는 자유롭게 감정을 표출할 줄 알아야 한다고 주장했다. 자유와 평등을 주장했으며, 프랑스 혁명과 민주주의 발전에 큰 영향을 미쳤다.

30) 에르네스트 르낭(Joseph Ernest Renan)은 프랑스의 언어학자이자 역사가, 신학자이다. 1863년에 출간된 그의 《예수의 일생Vie de Jesus》은 유럽 전역에서 큰 반향을 불러일으켰다. 예수의 초자연적이고 윤리적인 면을 무시하고, 그를 한 사람의 멋진 설교자로 묘사했기 때문이다. 이 책으로 인해 교수직에서 파면당하기도 했다.

31) 에밀 졸라(Émile Zola)는 자연주의 문학을 대표하는 프랑스의 소설가이자 비평가, 지식인이다. 1898년 '나는 고발한다'는 제목의 공개 서한문을 신문에 발표해서 드레퓌스 재심 운동의 도화선 역할을 했다.

32) 예컨대 우리의 모든 정의의 목적이 어떤 긍정적이고 보편적인 이득이 되게 해야 한다는 짐을 말한다. (原註)

33) 영원 보편의 타당성을 지닌 절대자의 존재를 인정하고, 이에 대한 추구가 철학의 근본 문제라고 주장하는 사상이다.

34) 《베니스의 상인》에서 포샤는 그녀의 청혼자들을 위해 금, 은, 납 세 개의 상자를 준비한다. 이 중에서 그녀의 초상화가 든 상자를 고르는 사람만이 그녀와 결혼할 수 있는데, 초상화가 든 납 상자에 이 문구가 새겨져 있다.

35) 물론 이것은 창조적인 정신이 시간의 법칙에 지배를 받게 만든다. 이 정신의 무시간성을 옹호하는 사람에게 나는 답할 말이 없다. 모든 시간이 동시적으로 현시되어 있는 정신을 가진 사람은 모든 것을 현실태로 보거나 우리가 모르는 어떤 형태로 볼 것이다. 그가 어떤 순간을 그 미래의 내용 면에서 모호한 것으로 생각한다면, 그는 이 순간이 과거가 되었을 때 이 모호함이 어떻게 결정될지 동시에 알아야 할 것이다. 그래야 그의 정신적 판단 중 어떤 것도 가정적이라고 불리지 않을 것이고, 그의 세계는 우연이 배제된 세계가 될 것이다.

그렇지만 무시간적 정신은 결국 불필요한 허구가 아닐까? 그리고 일거에 신에게만 주어져 있는 영원의 개념은 우리에게 집합우주를 툭 던져주고 가능성들의 존재를 부정하는 또 다른 방식에 불과한 것이 아닐까? 증명해야 할 점은 바로 이것이다. 시간은 환영적으로 나타나는 것이라는 말은 그저 실제적 다원성이 없으며 사물의 구조는 하나의 절대적 단일체라는 점을 에둘러 말하는 방식에 불과하다. 다원성을 인정하면, 시간도 그 형태가 될 것이다. (原註)

36) 이것은 물론 '기적적인' 중재를 의미한다. 그러나 아버지들이 즐겁게 하지만 우리에게는 별 효력이 없는 그런 거친 중재는 아닐 수도 있다. 에머슨은 만약에 악이 정말로 태양 아래서 행해진다면 하늘은 즉시 뱀가죽처럼 쪼글쪼글 오그라들었다가 발작적으로 악을 몰아내리라는 어느 동양 현자의 말을 인용했다. 그런데 에머슨은 자연의 이런 경련이 몇 년 몇 세기에 걸쳐 이루어지고, 인간에게 그처럼 오래 기다릴 수 있는 인내를 부과한다고 말했다. 우리는 신이 그의 손에 간직하고 있는 그 가능성들이 눈에 안 보이게 작고 천천히 우리가 원하는 하나의 형태를 만들어가고 있다고 생각할 수도 있다. 그 가능성들이 신이 특별히 불어넣는 인간 힘에 대응한다고 생각할 수도 있다. 요컨대 땅과 하늘의 징후와 경이, 격동만이 신의 계획에 대한 장애물을 중화시키는 것은 아니다. (原註)

37) 언어가 완벽한 미래 시제를 포함하는 한, 결정론자들은 나태하거나 열정적인 성향, 최소한의 저항적 노선에 따라, 반대의 방향을 촉구하는 작은 목소리에 미래 시제로 이렇게 말할 것이다. "그것은 운명 지어질 것이다." 이렇게 반박할 수 없는 방식으로 노력을 스스로 면제시킬 것이다. (原註)

38) 쟁점을 회피하거나 자신의 생각이 참임을 주장하기 위해서 상대방의 인격이나 사상, 직업 등을 공격하는 잘못된 논법이다. '저 사람은 단순 노무자이므로 똑똑할 리가 없다.'는 식의 주장이 그런 예이다.

찾아보기

삶은 살만한 가치가 있는 걸까

윌리엄 제임스의 운명과 믿음, 자유에 대한 특별한 강의

초판 찍은 날 2022년 6월 10일
초판 펴낸 날 2022년 6월 16일

지은이 윌리엄 제임스
옮긴이 박윤정

펴낸곳 오엘북스
펴낸이 옥두석

편집장 이선미 ┃ 책임편집 임혜지
디자인 이호진

출판등록 2020년 1월 7일(제2020-000115호)
주소 경기도 고양시 일산동구 중앙로 1055 레이크하임 206호
전화 031. 906-2647 ┃ 팩스 031. 912-6643
홈페이지 https://blog.naver.com/olbooks
이메일 olbooks@daum.net

ISBN 979-11-975394-4-2 03100